1

Christians Rechtspraktikum

-

Ein erzählerischer Einblick in die Grundstrukturen des deutschen Rechtswesens

von Justus Blind

Teil 2: Einführung in das Straf-, Strafprozess-, Verwaltungs- und Europarecht

Inhaltsverzeichnis

Vorwort

Liebe Leserinnen und Leser,

ich bin *Volljurist* (so werden Menschen bezeichnet, die zwei Staatsexamina hinter sich gebracht haben) und habe dieses Buch mit dem Anspruch geschrieben, juristischen Laien, Schülerinnen und Schülern von Grund- und Leistungskursen in Recht, Auszubildenden in juristischen Berufen und Rechtsstudentinnen und Rechtsstudenten in den ersten Semestern die *Grundzüge unseres Rechtswesens* im Rahmen einer *kleinen Erzählung* spannend aufzubereiten. Natürlich *ohne Anspruch auf Vollständigkeit und absolute Aktualität*, aber natürlich durchaus mit dem *Anspruch auf juristische Korrektheit*. Selbstredend will dieses Buch jedoch *keine Rechtsberatung* geben. Auch ist dies *kein wissenschaftliches Buch* oder – wenn doch – allenfalls ein *populärwissenschaftliches*. Die Themen habe ich nicht nach Relevanz in der Praxis ausgewählt, sondern im Hinblick auf das Ziel, mithilfe von Beispielen ein *Grundverständnis der Rechtsmaterie* zu entwickeln.

Zwar ist das Recht naturgemäß *stets im Wandel*. So entschied etwa der große Senat des Bundesgerichtshofes (BGH) in Strafsachen noch im Jahre 1954, dass Geschlechtsverkehr zwischen Verlobten *unzüchtig* sei. Damit stand für eine Kriegerwitwe, die dem Verlobten ihrer Tochter, die zu diesem Zeitpunkt 20 Jahre alt und im achten Monat schwanger war, gestattete, in deren Zimmer zu übernachten, die Strafbarkeit wegen *Kuppelei gem. § 181 Abs. 1 Nr. 2 Strafgesetzbuch (StGB) alter Fassung* im Raum.[1] Vielen unbekannt ist auch die Tatsache, dass der sogenannte *„Schwulenparagraph 175 StGB"*, der *sexuelle Handlungen zwischen Männern unter Strafe stellte, erst 1994 endgültig*

---

[1] *Seelmann/Denko*, Rechtsphilosophie, S. 133, Rn 18, und *Rath, Martin*, Wandel des Sexualstrafrechts, https://www.lto.de/recht/feuilleton/f/bundesgerichtshof-moral-sitte-sexualstrafrecht-sodomie-kuppelei/ (abgerufen am 5.5.2018), mit Verweis auf BGHSt 6, 46 ff. (Az. GSSt 3/53) - *Kuppelei gegenüber Verlobten.* § 181 Abs. 1 Nr. 2 StGB lautete zwischen dem 14.7. 1900 und dem 1.4.1970 folgendermaßen:
„Die *Kuppelei* ist, selbst wenn sie *weder gewohnheitsmäßig noch aus Eigennutz betrieben* wird, mit *Zuchthaus bis zu fünf Jahren* zu bestrafen, wenn [...] der *Schuldige* zu der verkuppelten Person in dem *Verhältnisse des Ehemanns zur Ehefrau, von Eltern zu Kindern,* von Vormündern zu Pflegebefohlenen, von Geistlichen, Lehrern oder Erziehern zu den von ihnen zu unterrichtenden oder zu erziehenden Personen *steht.*"

abgeschafft wurde.[2] Und *doch* gibt es – auch wenn das viele Leute nicht glauben mögen – einen *roten Faden im deutschen Recht*, welcher hauptsächlich vom *Bundesverfassungsgericht* über den Lauf der Jahrzehnte entwickelt wurde. Diese *Grundessenz des Rechts* soll vermittelt werden. *Nicht mehr*, aber *auch nicht weniger*.

Es gibt grundsätzlich *zwei mögliche Arten*, sich dem Inhalt dieses Buches zu nähern: Für den *juristischen Laien* empfiehlt es sich, *nur den Fließtext zu lesen*, die *weiterführenden Hinweise in den Fußnoten* eher *bei spezifischem Interesse*. Für den *rechtlich schon etwas Vorgebildeten*, zum Beispiel Studenten und Studentinnen in den ersten Semestern, empfiehlt es sich hingegen schon, *die vertiefenden Hinweise und weiterführende Literatur und Rechtsprechung* – jedenfalls teilweise – *nachzuvollziehen*. Ich habe daher versucht, die *Anzahl der Quellen überschaubar* zu halten und darüber hinaus *leicht verfügbare bzw. erhältliche Quellen* zu verwenden und mit *Verweisen auf weiterführende Literatur und Rechtsprechung* zu arbeiten. Im Hinblick auf Lehrbücher und Kommentare können durchaus die jeweils aktuellen Auflagen gelesen bzw. bearbeitet werden, da diese in aller Regel unter den gleichen Randziffern wie in älteren Auflagen ggf. aktualisierte Hinweise und weiterführende Rechtsprechung und Literatur enthalten.

---

[2] § 175 StGB in seiner letzten gültigen, *bereits deutlich abgeschwächten* Fassung vom 24.11.1973 bis zum 10.3.1994:
„*Homosexuelle Handlungen*
(1) Ein Mann über achtzehn Jahren, der sexuelle Handlungen an einem Mann unter 18 Jahren vornimmt oder von einem Mann unter 18 Jahren an sich vornehmen lässt, wird mit *Freiheitsstrafe bis zu fünf Jahren oder mit Geldstrafe* bestraft.
(2) Das Gericht kann von einer Bestrafung nach dieser Vorschrift absehen, wenn
1. der Täter zur Zeit der Tat noch nicht einundzwanzig Jahre alt war oder
2. bei Berücksichtigung des Verhaltens desjenigen, gegen den die Tat sich richtet, das Unrecht der Tat gering ist.“
Die vorherige Fassung des § 175 StGB, gültig vom 25.6.1969 bis zum 24.11.1973, war insoweit noch *deutlich strenger*:
„*Unzucht zwischen Männern*
(1) Mit *Freiheitsstrafe bis zu fünf Jahren* wird bestraft:
1. ein Mann über achtzehn Jahre, der mit einem anderen Mann unter einundzwanzig Jahren Unzucht treibt oder sich von ihm zur Unzucht mißbrauchen läßt,
2. ein Mann, der einen anderen Mann unter Mißbrauch einer durch ein Dienst-, Arbeits- oder Unterordnungsverhältnis begründeten Abhängigkeit bestimmt, mit ihm Unzucht zu treiben oder sich von ihm zur Unzucht mißbrauchen zu lassen,
3. ein Mann, der *gewerbsmäßig mit Männern Unzucht treibt oder von Männern sich zur Unzucht mißbrauchen läßt oder sich dazu anbietet*.
(2) In den Fällen des Absatzes 1 Nr. 2 ist der Versuch strafbar.
(3) Bei einem Beteiligten, der zur Zeit der Tat noch nicht 21 Jahre alt war, kann das Gericht von Strafe absehen.“

Rechtsprechung und Literatur sind *teilweise nicht auf dem aktuellen Stand*. Dies ist durchaus *beabsichtigt*. Zum einen, um zu betonen, dass es sich hier eben *nicht* um eine *wissenschaftliche Arbeit* handelt. Zum anderen, um aufzuzeigen, dass das Recht eine *fließende Materie* ist, aber eben trotzdem *Grundzüge und Grundprinzipien, allen voran die Grundrechte unter der Auslegung des Bundesverfassungsgerichtes*, enthält, die sich eben *nicht* dem tagespolitischen Willen des Gesetzgebers gemäß ändern lassen, sondern *ein festes Fundament* bilden, auf dem *ALLES deutsche Recht fußt*. Meine Absicht war es, ein zumindest in seiner Quintessenz *„zeitloses" Werk* zu schaffen, um so die *„Meta-Ebene" des deutschen Rechts* zu ergründen. In den wenigen Fällen, in denen es in diesem Buch tatsächlich relevant ist, sind die Verweise aber natürlich aktuell.

Nun aber viel Spaß mit Christian und dem zweiten Teil seines Rechtspraktikums!

Ihr / Euer Justus Blind

Ich widme dieses Buch *Georg Elser*, gerade weil sich in seinem Fall *eine rechtliche Bewertung seines Handelns aus Respekt vor seiner Würde verbietet.* Viel Unrecht war schon geschehen, Unaussprechliches sollte noch geschehen. Und *er allein* hat es kommen sehen und gehandelt. Schon deshalb war seine Tat *jedenfalls moralisch geboten,* so viel ist sicher. Und er war einsam, *so einsam,* in seinem Kampf für das Richtige...

VOM RECHTE, DAS MIT UNS GEBOREN IST, VON DEM IST
LEIDER! NIE DIE FRAGE
JOHANN WOLFGANG VON GOETHE (1749-1832)

QUELLE: GOETHE, FAUST. DER TRAGÖDIE ERSTER TEIL,
1808.
STUDIERZIMMER, MEPHISTOPHELES ZUM SCHÜLER

Eins

Die Menschenwürde ist unantastbar. Auch im Strafrecht!

Als Christian Müller am Donnerstag Morgen an der Rechtsanwaltskanzlei seines Onkels und seiner beiden Partner, in der er in dieser Woche ein Rechtspraktikum absolvierte, ankam, stand Olaf Wirth, der Strafrechtler, bereits vor der Eingangstür und wartete auf ihn. Er trug trotz des heißen Sommerwetters einen schicken schwarzen Anzug, ein weißes Seidenhemd und eine rote Krawatte. Sein durchtrainierter Körper schmiegte sich von innen an den weichen Stoff. Mit seinen hellblauen Augen und seinen modern gestylten, blonden Haaren sah er fast aus wie ein Model aus den Parfümwerbungen, die ständig im Fernsehen liefen. Und dessen war er sich wohl auch bewusst, was man seinem selbstsicheren, aber nicht arroganten Blick entnehmen konnte. Christian kam sich neben ihm, in seinen blauen Jeans und dem kurzärmligen weißen Sommerhemd, ein wenig *underdressed* vor. Er bereute, dass er heute früh nicht den *einzigen* Anzug angezogen hatte, den er besaß. Wobei, dachte er bei sich, vielleicht besser so, denn aus dieser ollen Klamotte war er längst herausgewachsen. Und nichts sah *schlimmer* aus, als ein Anzug, der *nicht* passte.

„Guten Morgen Christian", begrüßte ihn der Anwalt gut gelaunt. „Tut mir leid, dass ich dich damit so überfalle, aber mir ist gestern Abend eingefallen, wie ich dir das Strafrecht am besten nahe bringen kann, und zwar *außerhalb* dieser langweiligen Kanzleiräume. Also hab ich mir gedacht, dass wir uns heute Vormittag den Schauplatz der *Nürnberger Prozesse* ansehen. Denn wie du sicher weißt, befindet sich der berühmte *Schwurgerichtssaal* oder auch der *Saal 600* im Justizpalast in Nürnberg. Vom zwanzigsten November 1945 bis zum ersten Oktober 1946 mussten sich hier die führenden Vertreter des nationalsozialistischen Regimes vor einem internationalen Gericht für ihre Taten verantworten. Aus diesen Prozessen entwickelte sich später das moderne Völkerrecht, denn dort wurde zum ersten Mal verbindlich über Kriegsverbrechen und Völkermord Recht gesprochen. Im Saal 600 finden bis in die Gegenwart hinein Strafverfahren statt. Aber zum Glück nicht gerade heute. Also können wir uns diesen denkwürdigen Ort in Ruhe anschauen und uns darüber unterhalten. Und am Nachmittag findet ein interessanter Prozess vor dem Amtsgericht Nürnberg statt, das ebenfalls im Justizpalast untergebracht ist. Wir haben es also nicht weit. Dem Verfahren dürfen wir als Zuschauer beiwohnen, denn in Deutschland ist im Grundsatz jedes Gerichtsverfahren öffentlich.[3] Ich sag dir noch nicht, um was es konkret geht. Lass dich überraschen! Was hältst du davon?"

„Großartig", erwiderte Christian, „finde ich das. Den Schwurgerichtssaal wollte ich mit Papa schon oft besuchen, aber der wollte stattdessen immer nur in irgendwelche Technikmuseen, die mich null interessieren. Und überraschen lass ich mich gerne. Ich hoffe nur, der Angeklagte ist niemand, den ich kenne."

Olaf Wirth musste lachen. Es war ein fröhliches, ehrliches Lachen.

Sie machten sich auf den Weg zur U-Bahn, um vom Hauptbahnhof Fürth zur Bärenschanze in Nürnberg zu fahren, wo sich das Nürnberger Justizgebäude befand. Als er in der U-Bahn, die teilweise oberirdisch verlief, so aus dem Fenster sah, spürte Christian einen Stich in der Magengegend. Wenn er heute den ganzen Tag mit Olaf unterwegs war, dann bekam er Anna, die hübsche Anwaltssekretärin, in die er sich verguckt hatte, ja gar nicht zu Gesicht. So ein Mist! Naja, morgen war ja zum Glück auch noch ein Tag. Er musste sich unbedingt noch Annas Kontaktdaten geben lassen und sich mit ihr zum Abendessen verabreden. Er musste sich eingestehen, dass er das erste Mal in seinem Leben *wirklich* verliebt war. Schönes Gefühl. Aber auch irgendwie *komisch*. So als ob man keinen Spass mehr am Leben haben könnte, wenn man seine Auserwählte nicht ständig um sich hatte. „*Reiß dich mal zusammen!*", ermahnte er sich.

„Was macht für dich eigentlich eine gute Rechtsprechung in einem demokratischen Staat aus, Christian?", unterbrach Olaf Wirth seinen Gedankenfluss. „Ich will jetzt natürlich keine Paragraphen oder Artikel wissen, sondern einfach nur, was *aus deiner Sicht* die Grundpfeiler der dritten Gewalt sein sollten. Vielleicht weißt du ja schon aus dem Geschichtsunterricht, wie die Justiz im Dritten Reich ausgesehen hat? Dann kannst du dich auch von der exakt entgegengesetzten Seite annähern: Was macht *eine schlechte Justiz* aus?"

Christian musste nur kurz nachdenken. In Geschichte war er gut. „Also, aus dem Geschichtsunterricht und aus den Dokumentationen, die andauernd im Fernsehen laufen, weiß ich, dass es diesen *Volksgerichtshof in Leipzig* gab, wo so viele Todesurteile, vor

---

[3] Vgl. § 169 S. 1 GVG (*Gerichtsverfassungsgesetz*): „Die *Verhandlung* vor dem erkennenden Gericht einschließlich der Verkündung der Urteile und Beschlüsse ist *öffentlich.*" Allerdings sind *Ton- und Fernseh-Rundfunkaufnahmen* sowie *Ton- und Filmaufnahmen zum Zwecke der öffentlichen Vorführung* oder *Veröffentlichung ihres Inhalts unzulässig*, vgl. § 169 S. 2 GVG. Es gibt vom *Grundsatz der Öffentlichkeit* aber *Ausnahmen zum Schutze von Betroffenen*, etwa zum Schutze *Minderjähriger*, vgl. § 170 Abs. 1 S. 1 GVG: „Verhandlungen, Erörterungen und Anhörungen in *Familiensachen* sowie in Angelegenheiten der freiwilligen Gerichtsbarkeit sind *nicht öffentlich.*"

allem gegen die Verschwörer vom 20. Juli 1944, dem *Stauffenberg*-Attentat auf *Hitler*, ausgesprochen wurden. So weit ich weiß, hieß der Vorsitzende des Volksgerichtshofes *Roland Freisler*, ein *schrecklicher* Richter, der die Angeklagten nie zu Wort kommen ließ, sie anschrie und erniedrigte. Das Urteil stand dabei natürlich schon von Anfang an fest. *Hitler* hatte ja im Rundfunk angekündigt, dass er die Clique der Verräter oder so ähnlich *restlos ausmerzen* würde. Und die Justiz war ja – wie die gesamte Verwaltung im Deutschen Reich – *gleichgeschaltet*, das heißt, alles, aber auch wirklich *ALLES* hörte auf *des Führers Befehl*. Gewaltenteilung und Unabhängigkeit der Justiz gab es ja nicht mehr. Und das ist zugleich die Antwort auf deine Frage, *oder*? In der Bundesrepublik Deutschland gibt es nun wieder *unabhängige* Gerichte und das Bundesverfassungsgericht hat ja auch schon oft Gesetze aufgehoben, weil sie *verfassungswidrig* waren. Das Verfassungsgericht steht also *gleichberechtigt* neben Regierung und Parlament und – wenn es um das *Grundgesetz* geht – sogar *darüber*. Und *abgeschafft* werden kann die Gewaltenteilung auch nicht, weil sie ja unter die *Ewigkeitsklausel* der Verfassung fällt.[4] Das hab ich von Onkel Steffen gelernt. Ein *Ermächtigungsgesetz* wie im Dritten Reich kann es heute also nicht mehr geben."

„Wow, Christian, ich bin *echt* beeindruckt! Du weißt ja mehr über die Justiz von damals als ich selbst", staunte Olaf Wirth nicht schlecht, sichtlich irritiert ob des profunden Wissens seines jungen Praktikanten.

An der Bärenschanze stiegen sie aus der U-Bahn und liefen die kurze Strecke zum Justizpalast. Als sie vor dem riesigen Gebäude, das Anfang des 19. Jahrhunderts im Stil der Renaissance erbaut worden war, stehen blieben, bestaunten sie erst einmal die 13 Steinfiguren auf der Höhe des dritten Stockwerkes, die nach Aussage von Olaf Wirth wichtige Rechtspersönlichkeiten darstellen sollten. Dann begaben sie sich zum östlichen Gebäude, das heute die Dauerausstellung *Memorium Nürnberger Prozesse* beherbergt, und weiter in den *Saal 600*. Dort angekommen wurde Christian ganz flau im Magen, und diesmal *nicht*, weil er verliebt war. In diesem Saal, der ihm angesichts seiner

---

[4] Vgl. Art. 79 Abs. 3 GG (*Grundgesetz*): „Eine *Änderung dieses Grundgesetzes*, durch welche die Gliederung des Bundes in Länder, die grundsätzliche Mitwirkung der Länder bei der Gesetzgebung oder *die in den Artikeln 1 und 20 niedergelegten Grundsätze* berührt werden, ist *unzulässig*." Die *Gewaltenteilung* ergibt sich aus Art. 20 Abs. 2 und Abs. 3 GG:
(2) „Alle Staatsgewalt geht vom Volke aus. Sie wird vom Volke in Wahlen und Abstimmungen und durch besondere Organe der *Gesetzgebung*, der *vollziehenden Gewalt* und der *Rechtsprechung* ausgeübt."
(3) „*Die Gesetzgebung ist an die verfassungsmäßige Ordnung, die vollziehende Gewalt und die Rechtsprechung sind an Gesetz und Recht gebunden.*"

geschichtsträchtigen Dimensionen überraschend klein vorkam, hatten die wichtigsten Strafprozesse der Geschichte stattgefunden. Es gab *nichts* Vergleichbares auf der ganzen Welt. Besonders fiel ihm sofort das große Holzkreuz ins Auge, das über der leicht erhöhten Richterbank thronte. Auf der linken und rechten Seite des Saales befanden sich die Bänke der Anklage und der Verteidigung. Der ganze Saal war mit Holzvertäfelungen verziert und von der Decke hingen zwei riesige Kronleuchter, was ihm aber dennoch nicht seine würdevolle Schlichtheit nahm. Ob der Saal schon im Jahre 1945 so ausgesehen hatte, wussten Christian und Olaf allerdings nicht und es erschien ihnen auch nicht so wichtig. Es ging ja nicht um Details der Innenausstattung, sondern um *den Ort an sich,* der etwas annähernd *Religiöses* in sich trug. Hier hatte man die größten Verbrecher der Menschheitsgeschichte zur Rechenschaft gezogen, auch wenn sich der schlimmste von ihnen seiner gerechten Strafe zuvor durch Selbstmord hatte entziehen können.

„Das hier ist ein *Mahnmal,* Christian", flüsterte Olaf inbrünstig, „so etwas wie damals darf *nie wieder geschehen*! Es erinnert uns daran, dass Demokratie und Menschenwürde *nichts Selbstverständliches* sind, dass der Rechtsstaat nicht *aus sich heraus* existiert und selbstverständlich ist, sondern dass er *mit dem Blut von Millionen Menschen* erkauft wurde. Das dürfen wir *nie* vergessen."

Im Anschluss an diese beeindruckende Erfahrung sahen sich Christian und Olaf noch eine Weile im Museum um. Am meisten beschäftigte sie beide ein an der Wand angebrachter Augenzeugenbericht über die grausamen Foltermethoden vor allem der Gestapo, aber auch der Justizbediensteten im Dritten Reich, die diese zur Erzwingung von Geständnissen oder zur Preisgabe von vermeintlichen Mitwissern einsetzten.

„Weißt du", sagte Olaf nachdenklich, „die wichtigste Voraussetzung einer funktionierenden Justiz – und eines Rechtsstaates insgesamt – habe ich vorhin in der U-Bahn doch glatt vergessen: Die Achtung der Menschenwürde muss auch in der Strafverfolgung *immer und ausnahmslos* gelten und das *Maß aller Dinge* sein."

„Du beziehst dich auf die Folter der Nazis, *oder*?", entgegnete Christian intuitiv.

„Ja, richtig. Und es geht dabei nicht nur um die Verletzung von Körper und Psyche an sich, sondern vor allem um die weitreichenderen Folgen *schon der Androhung* von Folter. Es geht um nicht weniger als *die Würde des Menschen.* Ohne diese Würde *kann* eine Demokratie nicht funktionieren, ohne diese Würde *kann* der Mensch nicht Mensch sein, denn die Androhung der Folter durch den Staat führt zu Kadavergehorsam und vorgespielter Treue, aber ganz sicher zu keiner *echten* Verbundenheit zu diesem. Und *wirklich frei* sein kann der Mensch auch nicht, denn er muss immer Repressalien fürchten, wenn er seine wirkliche Meinung kundtut oder andere, etwa die Juden im Dritten Reich, beschützt. Deswegen ist ein solcher Staat auf langfristige Sicht gesehen immer zum Scheitern verdammt. Das heißt nun nicht, dass die Menschen damals nicht vielleicht *mehr* hätten tun müssen, um sich zu wehren. Aber wem will man einen solchen Vorwurf ernsthaft machen, wenn jemand schon um sein Leben fürchten muss, wenn er den Mund auch nur aufmacht", referierte Olaf nun ein wenig pathetisch, aber ersichtlich brennend für *seinen* Staat, die Bundesrepublik Deutschland. Warum dieser Mann Jura studiert hat und ausgerechnet Strafverteidiger geworden ist, braucht sich nun wirklich niemand zu fragen, dachte Christian.

„Es ist ja nun nicht so", fuhr er fort, „dass in der Bundesrepublik alles Gold ist, was glänzt. Aber immerhin genießen wir Meinungsfreiheit, können also sagen, was uns nicht passt. Folter müssen wir ohnehin nicht fürchten. Das heißt im Umkehrschluss aber auch, dass *wir* die Verantwortung haben, Missstände anzuprangern, zu demonstrieren und unseren Änderungswillen bei den Wahlen zum Ausdruck zu bringen. Dann sind wir mit unseren Ansichten vielleicht immer noch nicht in der Regierung repräsentiert, aber doch in einer gestärkten und vor allem *freien* Opposition, was auch schon sehr viel bewirken kann."

„Deswegen heißt es im Grundgesetz gleich am Beginn des ersten Artikels ja auch, dass *die Menschenwürde unantastbar* ist, *oder?* Formal wird dieses Postulat ja durch die *Ewigkeitsklausel* umgesetzt", glänzte Christian einmal mehr mit weitreichendem Wissen im Verfassungsrecht. Er ließ sich nun richtig mitreißen vom Enthusiasmus des Anwaltes, der Christian immer mehr Respekt abgewann. Anfangs hatte er gedacht, er sei nur einer von diesen *Schönlingen*, denen es immer nur um sich selbst und ihr Erscheinungsbild in der Öffentlichkeit ging. Er hatte sich gründlich geirrt. Olaf Wirth war ein sehr nachdenklicher, tiefgründiger und sensibler Mensch. So wie Christian.

„Genau", gab dieser zurück. Sie hatten sich zwischenzeitlich auf eine Bank niedergelassen. Die Ausstellung war zur bloßen Nebensache geworden. „Unantastbarkeit der Menschenwürde bedeutet nach der Definition des Bundesverfassungsgerichtes, dass niemand mehr zum *Objekt staatlicher Gewalt* gemacht werden darf.[5] Ein wenig anders formuliert könnte man vielleicht auch sagen, dass ein Mensch nicht zu einer irgendwie gearteten *Quantität* oder zum Bestandteil einer *Werterechnung* herabgewürdigt werden darf. Also zum Beispiel die Würde eines Mörders ist 100, die eines Popstars 1.000, und *überwiegt* damit die des Mörders. Vielmehr ist die Würde des Menschen immer *unendlich*

---

[5] Vgl. BVerfGE 27, 1 (*Mikrozensus*; 6); 28, 386 (*Strafzumessung*; 391); 45, 187 (*Lebenslange Freiheitsstrafe*; 228).

und keiner Abwägung zugänglich. Hast du eigentlich einmal vom Fall *Daschner* gehört, Christian?"

„War das nicht der Polizist, der dem Entführer eines Kindes Folter angedroht hat? Das Kind war aber schon längst tot. Da gab es doch eine endlose Diskussion darüber, ob man den *Daschner* bestrafen sollte oder nicht? Am Ende hat man ihn dann irgendwie *symbolisch* bestraft, er musste aber nicht ins Gefängnis oder so."

„Exakt. Der Täter, ein Mann namens *Magnus Gäfgen* hatte einen elfjährigen Jungen in seine Gewalt gebracht und getötet, um von der Familie des – bereits toten – Kindes ein Lösegeld zu erpressen.[6] Nachdem man ihn geschnappt hatte, führte *Gäfgen* die Polizei mehrfach an der Nase herum. Irgendwann reichte es dem verantwortlichen Polizisten *Wolfgang Daschner.* In dem Glauben, das Kind noch retten zu können, ließ er dem Angeklagten die Androhung zukommen, dass ihm unter ärztlicher Aufsicht Schmerzen zuzufügen seien, würde er sich weiterhin weigern, den wahren Aufenthaltsort des Kindes preiszugeben. Daraufhin gab *Gäfgen* zu, dass das Kind bereits tot sei und gab den Fundort der Leiche preis.[7] Am Ende des Prozesses gegen *Wolfgang Daschner* wurde dieser wegen Nötigung schuldig gesprochen,[8] allerdings wurde die Verurteilung zu einer Geldstrafe lediglich vorbehalten.[9] Das stellt natürlich keine Bestrafung *im eigentlichen Sinne* dar, *rein strafrechtlich* gesehen ist jedoch durchaus ein *vollwertiger* Schuldspruch erfolgt."

---

[6] Vgl. LG Frankfurt a.M., Urteil vom 20.12.2004, NJW 2005, 692.

[7] Vgl. LG Frankfurt a.M., Urteil vom 20.12.2004, NJW 2005, 692.

[8] Vgl. § 240 Abs. 1 und 2 StGB (*Strafgesetzbuch*):
„(1) Wer einen Menschen rechtswidrig mit Gewalt oder durch Drohung mit einem empfindlichen Übel zu einer Handlung, Duldung oder Unterlassung *nötigt*, wird mit Freiheitsstrafe bis zu drei Jahren oder mit Geldstrafe bestraft.
(2) Rechtswidrig ist die Tat, wenn die Anwendung der Gewalt oder die Androhung des Übels zu dem angestrebten Zweck als *verwerflich* anzusehen ist."

[9] § 59 Abs. 1 S. 1 StGB: „Hat jemand Geldstrafe bis zu einhundertachtzig Tagessätzen verwirkt, so kann das Gericht ihn neben dem Schuldspruch verwarnen, die Strafe bestimmen und die *Verurteilung zu dieser Strafe vorbehalten,* wenn
1.
zu erwarten ist, daß der Täter künftig auch ohne Verurteilung zu Strafe keine Straftaten mehr begehen wird,
2.
nach der Gesamtwürdigung von Tat und Persönlichkeit des Täters besondere Umstände vorliegen, die eine Verhängung von Strafe entbehrlich machen, und
3.
die Verteidigung der Rechtsordnung die Verurteilung zu Strafe nicht gebietet."

„Aber ist das Handeln des Polizisten nicht durch *Notwehr* oder so gedeckt? Der Polizist hat doch zumindest *gedacht*, dass das Kind noch lebt.[10] Und wirklich verdenken kann man ihm doch auch nicht, dass er versucht hat, das Kind vor dem Tod zu bewahren. Also ich glaube, *ich* hätte mich *genauso* verhalten. Außerdem, hat dieser *Gäfgen* seine Grundrechte, naja, nicht vielleicht irgendwie *verwirkt*? Und das Leben eines Kindes ist in unserer Rechtsordnung doch bestimmt *viel höher* zu bewerten als die körperliche Unversehrtheit von so einem brutalen Entführer und Mörder, *oder*? Das *muss* doch eigentlich so sein! Warum ist der *Daschner* denn dann trotzdem *verurteilt* worden, wenn auch nur symbolisch. Irgendwie finde ich das *falsch*. Das ist doch nicht *gerecht!*". Den letzten Satz *schrie* Christian fast hinaus. Er hatte gar nicht gemerkt, wie er sich in Rage geredet hatte. Aber es machte ihn einfach wütend, dass der Polizist, der alles in seiner Macht Stehende getan hatte, um ein Kind, ein *unschuldiges Kind*, zu retten, bestraft wurde. *Das konnte doch einfach nicht sein.* Das erste Mal widersprach etwas *wirklich* seinem Rechtsempfinden. Er konnte das Gericht, das den Polizisten verurteilt hatte, beim besten Willen nicht verstehen.

---

[10] In Betracht käme ein sogenannter *Erlaubnistatbestandsirrtum:* Auch wenn im vorliegenden Fall eine Rechtfertigung *aus anderen Gründen nicht gegeben war* (s.u., Fußnote 12), so wäre es hierfür jedenfalls unschädlich, dass zur Tatzeit keine objektive Notwehrlage bestand, weil das Kind schon tot war, LG Frankfurt a.M., Urteil vom 20.12.2004, NJW 2005, 693.

„Die Frage, ob die angedrohte Folter *gerechtfertigt* oder *entschuldigt* war,[11] war *entscheidend* in diesem Fall, ganz genau. Und ich kann deine Empörung darüber verstehen, dass die Richter eben *nicht* von einer Rechtfertigung oder Entschuldigung der Tat ausgegangen sind.[12] Auch *ich* hätte als Polizist in diesem Fall genauso oder ähnlich gehandelt, das kann ich dir garantieren. Aber aus *rechtlicher* Sicht gab es tatsächlich keine Alternative zu einem Schuldspruch. Kannst du dir vielleicht denken, *warum?*"

---

[11] Eine Tat muss stets *objektiv und subjektiv tatbestandsmäßig* sein, d. h. die *Voraussetzungen einer Norm müssen erfüllt* und *vom Vorsatz umfasst* sein. Hinzu kommen muss die *Rechtswidrigkeit*, also ein objektives Unwerturteil, welches normalerweise *indiziert* wird, bei der *Nötigung* jedoch gem. § 240 Abs. 2 StGB *positiv festgestellt* werden muss. Ausnahmen, die eine Tat *rechtfertigen* sind etwa gegeben, wenn der Täter in *Notwehr* (§ 32 StGB) oder *Notstand* (§ 34 StGB) handelt, *um sich selbst oder andere zu retten.* Zuletzt muss die Tat dem Täter auch *persönlich vorwerfbar* sein, er muss also *schuldhaft* gehandelt haben. Dies ist zum Beispiel dann nicht der Fall, wenn er gem. § 20 StGB *schuldunfähig* ist oder sich gem. § 35 StGB in einem *entschuldigenden Notstand* befindet.
§ 32 Abs. 1 und 2 StGB:
„(1) Wer eine Tat begeht, die durch *Notwehr geboten* ist, handelt *nicht rechtswidrig.*
(2) *Notwehr* ist die *Verteidigung*, die *erforderlich* ist, um einen *gegenwärtigen rechtswidrigen Angriff von sich oder einem anderen abzuwenden.*"
§ 34 S. 1 und 2 StGB: „Wer in einer *gegenwärtigen, nicht anders abwendbaren Gefahr für Leben, Leib, Freiheit, Ehre, Eigentum oder ein anderes Rechtsgut* eine Tat begeht, um die *Gefahr von sich oder einem anderen* abzuwenden, handelt *nicht rechtswidrig*, wenn *bei Abwägung der widerstreitenden Interessen, namentlich der betroffenen Rechtsgüter und des Grades der ihnen drohenden Gefahren, das geschützte Interesse das beeinträchtigte wesentlich überwiegt.* Dies gilt jedoch *nur*, soweit die Tat ein *angemessenes Mittel* ist, die Gefahr abzuwenden."
§ 20 StGB: „*Ohne Schuld handelt, wer bei Begehung der Tat wegen einer krankhaften seelischen Störung, wegen einer tiefgreifenden Bewußtseinsstörung oder wegen Schwachsinns oder einer schweren anderen seelischen Abartigkeit unfähig ist, das Unrecht der Tat einzusehen oder nach dieser Einsicht zu handeln.*"
§ 35 Abs. 1 S. 1 und 2 StGB: „*Wer in einer gegenwärtigen, nicht anders abwendbaren Gefahr für Leben, Leib oder Freiheit* eine rechtswidrige Tat begeht, um die *Gefahr von sich, einem Angehörigen oder einer anderen ihm nahestehenden Person* abzuwenden, handelt *ohne Schuld.* Dies gilt *nicht*, soweit dem Täter *nach den Umständen*, namentlich weil er die *Gefahr selbst* verursacht hat oder weil er in einem *besonderen Rechtsverhältnis stand, zugemutet* werden konnte, die *Gefahr hinzunehmen*; jedoch kann die Strafe nach § 49 Abs. 1 *gemildert* werden, wenn der Täter nicht mit Rücksicht auf ein besonderes Rechtsverhältnis *die Gefahr hinzunehmen* hatte."

[12] *Notwehr* gemäß § 32 StGB (als vorsatzausschließender Irrtum über die tatsächlichen Voraussetzungen eines Rechtfertigungsgrundes, s. o., Fußnote 10) war *nicht* gegeben, *da die Androhung von Schmerzen nicht das mildeste Gegenmittel war, da noch andere Maßnahmen zur Verfügung standen*, etwa die Konfrontation mit den Geschwistern des Opfers. Auch war die Androhung von Folter *kein gebotenes Mittel. Notstand* gemäß § 34 StGB lag *nicht* vor, *da die Gefahr noch anders anwendbar war und die Androhung von Folter kein angemessenes Mittel darstellt*, denn sie *verstößt gegen Art. 1 Abs. 1 GG (Menschenwürde). Keine Person darf durch staatliche Gewalt zum Objekt, zu einem Ausbund von Angst vor Schmerzen gemacht werden*, vgl. LG Frankfurt a.M., Urteil vom 20.12.2004, NJW 2005, 693. Aus denselben Gründen war die Tat auch *verwerflich* im Sinne des § 240 Abs. 2 StGB, vgl. LG Frankfurt a.M., Urteil vom 20.12.2004, NJW 2005, 694. Auch ein *entschuldigender Notstand* gemäß § 35 StGB kommt *nicht* in Betracht, da das Opfer in keinem dafür *erforderlichen Näheverhältnis zum Täter* stand, vgl. LG Frankfurt a.M., Urteil vom 20.12.2004, NJW 2005, 695.

Christian überlegte eine Weile. Dann dachte er unwillkürlich wieder an die Folterkammern der Nazis. „Hmm, ich denke, dass Folter, auch die *angedrohte* Folter, gegen die Grundrechte, vor allem die körperliche Unversehrtheit und die Menschenwürde verstößt. *Aber hat denn so ein Mörder noch die Menschenwürde?"*

„Jetzt sind wir beim *wirklich* entscheidenden Punkt angekommen. Die Nazis haben verschiedenen Gruppen von Menschen exakt diese Würde abgesprochen, so vor allem den Juden, aber auch Homosexuellen, politischen Gegnern und vielen anderen. Diese Menschen wurden für *menschenunwürdig* erklärt, man durfte sie unbestraft foltern und umbringen. Die Nazis hielten dies für *gerechtfertigt*, denn in ihrem System hatten diese Menschen einfach keinen Platz...".

„*Aber das kann man doch nicht vergleichen!*", versetzte Christian trotzig. „Das waren *unschuldige Menschen*, aber *Gäfgen* hat ein *unschuldiges Kind* umgebracht. Da wirft man ja Opfer und Täter in einen Topf. *Gäfgen* hatte es doch *nicht anders verdient!*" Seine Wut hatte sich bei den seiner Meinung nach völlig fehlgehenden Ausführungen des Anwalts noch gesteigert.

„Die Situation ist *konkret* gesehen nicht vergleichbar, das stimmt. Doch nehmen wir an, *Gäfgen* hätte – wie du sagst – seine Menschenwürde *verwirkt*. Wo ist dann die *Grenze*? Hat der einfache Dieb und Betrüger seine Menschenwürde dann *auch* verloren?"

„*Natürlich nicht!*", echauffierte sich Christian, „*das ist doch auch nicht vergleichbar!*"

„Aber was passiert, wenn ein Polizist anderer Auffassung ist und einen Dieb foltert, um herauszufinden, wo sich die Beute befindet? Und am Ende hat er damit auch noch Erfolg? Soll man ihn dazu beglückwünschen? Oder muss man ihn *wegen Körperverletzung im Amt*[13] *und Aussageerpressung*[14] verurteilen? Und nimm einmal an, es kommen Kräfte hier bei uns an die Macht, die nicht so gemäßigt sind wie unsere etablierten Parteien? Und nimm weiter an, diese Parteien sehen Folter als *legitimes Mittel* zur Erreichung von politischen Zielen an. *Darf das sein?* Wo ist die *absolute Grenze* dessen zu ziehen, was in einem Rechtsstaat zulässig sein darf? Die Gründer des Grundgesetzes wollten *genau* diese Fragestellung überhaupt nicht mehr *auch nur im Ansatz* entstehen lassen und haben deshalb die Menschenwürde *als absolute Grenze* eingezogen. Jeglicher Versuchung, den Menschen ein zweites Mal als *Träger von Wissen*, das der Staat aus ihm herauspressen kann, wenn auch im vermeintlichen Interesse der Gerechtigkeit, zu behandeln, sollte ein

---

[13] § 340 StGB.

[14] § 343 StGB.

Riegel vorgeschoben werden.[15] Deshalb ist Artikel 1 des Grundgesetzes *unabänderlich*, wie du ja schon gelernt hast. Auch eine überwältigende Mehrheit in Bundestag und Bundesrat könnte die Menschenwürde also nicht abschaffen. Und – um zu deiner ursprünglichen Frage zurückzukommen – das Grundgesetz besagt, dass die Menschenwürde *unantastbar* ist. Im Ergebnis heißt das, dass man die Menschenwürde *nicht verwirken* kann. *Auch der größte Verbrecher genießt diese Würde!* Und – was genauso wichtig ist – die Menschenwürde ist *einer Abwägung nicht zugänglich*, daß heißt, man darf die Menschenwürde des Entführers nicht mit anderen Schutzgütern, etwa dem Leben und der Menschenwürde des entführten Jungen, abwägen. Denn das von der Verfassung vorgesehene strikte Verbot, einem Beschuldigten Gewalt auch nur anzudrohen, ist bereits *das Ergebnis einer Abwägung aller zu berücksichtigenden Interessen.* Das Landgericht Frankfurt am Main geht sogar soweit, dass es feststellt, dass der Rechtsstaat *aufgegeben* würde, würde er diesem strikten Gebot keine Folge leisten.[16] Dem ist *nichts* hinzuzufügen."

Christian war tief beeindruckt von dieser Argumentation. Sie ergab Sinn. Dennoch: War es nicht *ungerecht*, den Polizisten zu bestrafen? Er sah ja ein, dass *der Staat* nicht foltern durfte, aber musste man den *konkret* handelnden Polizisten tatsächlich *bestrafen?* War das nicht ein *Unterschied?* Hätte nicht *jeder normal und gerecht denkende Mensch* so gehandelt wie der Polizist?

„Aber musste denn wirklich der Polizist als Sündenbock herhalten? Hätte es nicht genügt, die Polizeiorganisation irgendwie *abzumahnen* oder so? Oder vor Gericht feststellen zu lassen, dass die Androhung der Folter unrechtmäßig war?"[17]

„Diese Lösung wurde vom Gericht unter dem Stichwort des *übergesetzlichen entschuldigenden Notstandes* auch diskutiert, im Ergebnis aber zu Recht abgelehnt. Im vorliegenden Fall war es nämlich so, dass gar *keine unlösbare Pflichtenkollision* vorlag, da

---

[15] LG Frankfurt a.M., Urteil vom 20.12.2004, NJW 2005, 693, 694.

[16] LG Frankfurt a.M., Urteil vom 20.12.2004, NJW 2005, 694.

[17] Tatsächlich wurde dies vom *Europäischen Gerichtshof für Menschenrechte (EGMR)* festgestellt, EGMR Nr. 22978/05 (5. Kammer) - Urteil vom 30. Juni 2008 (*Gäfgen vs. Deutschland*).
Leitsatz 1: „Ein Verstoß gegen Art. 3 EMRK kann – unabhängig vom Verhalten des Betroffenen – *auch zur Rettung von Leben und selbst im Fall eines Notstands für den gesamten Staat* nicht gerechtfertigt werden."
Leitsatz 2: „*Wird eine Person unmittelbar und realistisch mit Folter bedroht, stellt dies (wie hier im „Fall Gäfgen") einen Verstoß gegen Art. 3 EMRK mindestens in Form der unmenschlichen Behandlung dar.*"
Art. 3 der Europäischen Menschenrechtskonvention (EMRK): „*Niemand darf der Folter oder unmenschlicher oder erniedrigender Strafe oder Behandlung unterworfen werden.*"

die Androhung von Folter *nicht das einzige, unabweisbar erforderliche Mittel zur Hilfe* war, da noch *weniger schwerwiegende Maßnahmen* wie etwa die Konfrontation mit den Geschwistern des Opfers und weitere Ermittlungsmaßnahmen denkbar gewesen wären, um den Täter zum Reden zu bringen.[18] Aber selbst wenn eine *unlösbare Pflichtenkollision* vorgelegen hätte, so ist das Gericht mit der Annahme einer *schuldausschließenden Rechtfertigung* sehr vorsichtig, da die Verfassung dann nicht – wie von Derselbigen gefordert – *in allen Lebenslagen* Anwendung fände, sondern in Notlagen *aufgeweicht* werden könne und damit *immer nur vorläufig* gelten würde.[19] Abschließend entschieden hat sich das Gericht in dieser Frage allerdings nicht und musste es auch nicht. Jedoch kannst du an diesem Umstand erahnen, dass diese Fragestellung selbst für Juristen nicht eindeutig zu beantworten ist. Es gibt aber tatsächlich Fälle, in denen ein *übergesetzlicher entschuldigender Notstand*[20] tatsächlich denkbar wäre, so zum Beispiel bei den *NS-Anstaltstötungsfällen:* In der NS-Zeit wurde – wie du sicher weißt – die Tötung psychisch kranker Menschen befohlen. Die daran beteiligten Ärzte standen vor der Wahl, entweder das Leben einer gewissen Anzahl von Menschen zu opfern oder die Tötung gänzlich zu verweigern. Dann aber hätten ganz sicher linientreue NS-Ärzte die Aufgabe um ein Vielfaches effektiver ausgeführt. Oder aber du stellst dir eine völlig überladene Fähre vor, die droht zu sinken und damit alle Passagiere in den Tod zu reißen. Sollte man nun den Fährmann einen Schuldvorwurf machen, der einige wenige Passagiere ins Wasser stößt, um alle Verbliebenen zu retten? *Sicher nicht.*[21] Ein weiteres Beispiel ist ein Bergsteiger, der selbst am Rande der Schlucht steht, also nicht in Lebensgefahr schwebt, und ein Seil kappt, an denen mehrere andere Bergsteiger hängen, das aber nicht alle auf einmal

---

[18] LG Frankfurt a.M., Urteil vom 20.12.2004, NJW 2005, 693 und 695.

[19] LG Frankfurt a.M., Urteil vom 20.12.2004, NJW 2005, 699 mit Verweis auf *Böckenförde*, NJW 1978, 1881.

[20] Analog § 35 StGB. Der historische Gesetzgeber hat 1969 bewusst auf eine abschließende, ausdrückliche Regelung in § 35 StGB verzichtet, um der weiteren dogmatischen Entwicklung in Rechtsprechung und Lehre nicht vorzugreifen. Eine Anerkennung des übergesetzlichen entschuldigenden Notstandes in *Ausnahmefällen* steht § 35 StGB somit nicht entgegen, vgl. *Rönnau, Thomas*, JuS 2/2017, S. 113 ff. - Grundwissen - Strafrecht: Übergesetzlicher entschuldigender Notstand (analog § 35 StGB).

[21] Vgl. *Rönnau, Thomas*, JuS 2/2017, S. 113 ff. (114) - Grundwissen - Strafrecht: Übergesetzlicher entschuldigender Notstand (analog § 35 StGB). Diese Fälle werden unter dem Stichwort *symmetrische Gefahrgemeinschaft* diskutiert. Typisch ist die Zugehörigkeit des Opfers zu einer Gruppe von gefährdeten Personen, deren Mitglieder ohne die Rettungshandlung alle oder in größerer Zahl getötet würden.

tragen kann.[22] Und – ein letztes Beispiel hab ich noch – stell dir einen Bahnwärter vor, der einen auf einer abschüssigen Gebirgsstrecke heran rasenden führerlosen Güterwagen erkennt, der auf einen voll besetzten Personenzug aufzufahren droht. Den sicheren Tod der Fahrgäste kann er nur verhindern, indem er den Güterzug auf ein anderes Gleis umleitet, wo allerdings gerade einige Gleisarbeiter ihrer Arbeit nachgehen und getötet werden.[23]"

„Ja, das leuchtet mir ein", gab Christian zu. Er verstand langsam, worauf der Anwalt hinauswollte. „Und wie ist das in den ständig diskutierten *Flugzeugfällen*, also wenn ein von Terroristen entführtes Passagierflugzeug in ein voll besetztes Fussballstadion oder so gelenkt werden soll, so ähnlich wie am 11. September 2001? *Darf man dieses Flugzeug nun abschießen oder nicht?*"

„Die klare Antwort auf diese Frage lautet: *Nein!* Das Bundesverfassungsgericht hat die entsprechende Abschussermächtigung des Luftsicherheitsgesetzes[24] für *verfassungswidrig* erklärt, insbesondere weil mit dem Abschuss das *Recht auf Leben*[25] der

---

[22] Vgl. *Rönnau*, Thomas, JuS 2/2017, S. 113 ff. (114) - Grundwissen - Strafrecht: Übergesetzlicher entschuldigender Notstand (analog § 35 StGB). Dieser Fall wird unter dem Stichwort *asymmetrische Gefahrgemeinschaft* diskutiert, weil die Rettungschancen von vornherein einseitig verteilt sind.

[23] *Rönnau*, Thomas, JuS 2/2017, S. 113 ff. (114) - Grundwissen - Strafrecht: Übergesetzlicher entschuldigender Notstand (analog § 35 StGB), mit Verweis auf den *„Weichenstellerfall"* von *Welzel* in ZStW 63 1951, 47 (51).

[24] Gemäß der *alten, verfassungswidrigen Fassung* von § 14 Abs. 3 des Luftsicherheitsgesetzes (LuftSiG) durften *Einsatzmaßnahmen zur Verhinderung eines besonders schweren Unglücksfalles erst getroffen werden, wenn das Luftfahrzeug, von dem die Gefahr eines solchen Unglücksfalles ausgeht, von den Streitkräften zuvor im Luftraum überprüft und sodann erfolglos versucht worden ist, es zu warnen und umzuleiten.* Waren diese Voraussetzungen erfüllt, durften die Streitkräfte gem. § 14 Abs. 1 LuftSiG alte Fassung *das Luftfahrzeug im Luftraum abdrängen, zur Landung zwingen, den Einsatz von Waffengewalt androhen oder Warnschüsse abgeben.* Für die Auswahl dieser Maßnahmen galt der *Verhältnismäßigkeitsgrundsatz* gem. § 14 Abs. 2 LuftSiG. Erst wenn auch durch sie der *Eintritt eines besonders schweren Unglücksfalles* nicht *verhindert* werden konnte, war nach § 14 Abs. 3 LuftSiG alte Fassung die *unmittelbare Einwirkung auf das Luftfahrzeug mit Waffengewalt zulässig.* Dies galt jedoch nur, wenn *nach den Umständen davon auszugehen war, dass das Luftfahrzeug gegen das Leben von Menschen eingesetzt werden sollte, und die unmittelbare Einwirkung das einzige Mittel zur Abwehr der gegenwärtigen Gefahr war.* Ausschließlich zuständig für die Anordnung dieser Maßnahme war nach § 14 Abs. 4 S. 1 LuftSiG alte Fassung der *Bundesminister der Verteidigung* oder dessen Vertreter. Vgl. hierzu BVerfG, Urteil vom 15.02.1006, BeckRS 2006, 21046, Rn 13.

[25] Vgl. Art. 2 Abs. 2 S. 1 GG. Das BVerfG führt hierzu aus (Urteil vom 15.02.1006, BeckRS 2006, 21046, Rn 118): Das Recht auf Leben steht isoliert betrachtet unter dem Vorbehalt des Gesetzes (Art. 2 Abs. 2 S. 3 GG). Das einschränkende Gesetz muss aber seinerseits im Lichte dieses Grundrechts und der damit eng verknüpften *Menschenwürdegarantie* des Art. 1 Abs. 1 GG gesehen werden. *Das menschliche Leben ist die vitale Basis der Menschenwürde als tragendes Konstitutionsprinzip und oberstem Verfassungswert* (vgl. BVerfGE 39, 1, 42; 72, 105, 115; 109, 279, 311).

Passagiere und Besatzungsmitglieder im Hinblick auf den Menschenwürdegehalt verletzt werde, die zu bloßen Objekten einer Rettungsaktion gemacht würden.[26] Jeder Mensch besitzt als Person die Menschenwürde, *ohne Rücksicht* auf seine Eigenschaften, seinen körperlichen oder geistigen Zustand, seine Leistungen und seinen sozialen Status. Sie kann *keinem* Menschen genommen werden. Verletzbar ist aber durchaus der Achtungsanspruch, der sich daraus ergibt. Das gilt *unabhängig von der voraussichtlichen Dauer* des individuellen menschlichen Lebens.[27] Dem Staat ist es deshalb zum einen untersagt, *durch eigene Maßnahmen* unter Verstoß gegen das Verbot der Missachtung der menschlichen Würde in das Grundrecht auf Leben einzugreifen. Zum anderen ist er auch gehalten, *jedes menschliche Leben zu schützen.* Diese Schutzpflicht gebietet es dem Staat und seinen Organen, sich schützend und fördernd vor das Leben jedes Einzelnen zu stellen, insbesondere es auch vor rechtswidrigen An- und Eingriffen *von Seiten Dritter* zu bewahren.[28] Die Menschenwürde schützt den Einzelnen nicht nur vor Erniedrigung, Brandmarkung, Verfolgung, Ächtung und ähnlichen Handlungen durch Dritte oder den Staat selbst. Ausgehend von der Vorstellung der Begründer des Grundgesetzes, dass es zum Wesen des Menschen gehört, sich in Freiheit selbst zu bestimmen und sich frei zu entfalten, und dass er verlangen kann, in der Gemeinschaft als gleichberechtigtes Glied mit Eigenwert anerkannt zu werden, schließt es die Verpflichtung zur Achtung und zum Schutz der Menschenwürde vielmehr *generell* aus, den Menschen zum *bloßen Objekt des Staates* zu machen.[29] Schlechthin *verboten* ist damit jede Behandlung des Menschen durch die öffentliche Gewalt, die dessen Subjektqualität, seinen Status als Rechtssubjekt, grundsätzlich in Frage stellt, indem sie die Achtung des Wertes vermissen lässt, der jedem

---

[26] *Rönnau, Thomas,* JuS 2/2017, S. 113 ff. (114) - Grundwissen - Strafrecht: Übergesetzlicher entschuldigender Notstand (analog § 35 StGB); BVerfG, Urteil vom 15.02.1006, BeckRS 2006, 21046, Dritter Leitsatz und Rn 123. Dies gilt in dieser Strenge allerdings nur für die *Personen, die auf den nichtkriegerischen Luftzwischenfall keinen Einfluss genommen haben* und damit ihre Lebensumstände nicht mehr unabhängig von anderen selbstbestimmt beeinflussen können, vgl. Urteil vom 15.02.2006, BeckRS 2006, 21046, Rn 121 und 122.

[27] Urteil vom 15.02.2006, BeckRS 2006, 21046, Rn 118 mit Verweis auf BVerfGE 87, 209, 228; 96, 375, 399; 87, 209, 228; 30, 173, 194.

[28] Urteil vom 15.02.2006, BeckRS 2006, 21046, Rn 119 mit Verweis auf BVerfGE 39, 1, 42; 46, 160, 164; 56, 54, 73. Ihren Grund hat die Schutzpflicht des Lebens in Art. 1 Abs. 1 S. 2 GG, der den Staat ausdrücklich zur Achtung und dem Schutz der Menschenwürde verpflichtet, vgl. Urteil vom 15.02.1006, BeckRS 2006, 21046, Rn 119 mit Verweis auf BVerfGE 46, 160, 164; 49, 89, 142; 88, 203, 251.

[29] Die sog. *Objektformel* geht auf *Günter Dürig* (1920-1996) zurück: *Die Menschenwürde als solche sei verletzt, wenn der konkrete Mensch zum Objekt, zum bloßen Mittel, zur vertretbaren Größe herabgewürdigt werde,* vgl. *Seelmann/Denko,* Rechtsphilosophie, S. 243 f., mit Verweis auf *Dürig,* Der Grundrechtssatz von der Menschenwürde, S. 127.

Menschen um seiner selbst willen, *kraft seines Personseins*, zukommt.[30] *Das Verbot, einen anderen zu verletzen, geht somit immer dem Gebot vor, anderen zu helfen.* So dürfte man niemals eine Transplantation erzwingen, um mit den Organen das Leben einer Vielzahl von anderen Menschen zu retten.[31] Oder wenn man sich der Würde des Menschen mit *Immanuel Kant* naturrechtlich beziehungsweise *philosophisch* annähert, könnte man sagen: *Der Mensch darf niemals als Objekt angesehen werden, denn er ist immer als ‚Zweck an sich selbst' zu behandeln und 'niemals bloß als Mittel'.*[32] Die Abschussermächtigung macht die unbeteiligten Besatzungsmitglieder und Passagiere aber nicht nur zum Objekt der Täter selbst. Auch der Staat behandelt sie als bloße Objekte einer Rettungsaktion zum Schutze anderer. Die Ausweglosigkeit und Unentrinnbarkeit, welche die Lage der als Opfer betroffenen Flugzeuginsassen ausmachen, bestehen auch gegenüber denjenigen, die den Abschuss des Flugzeuges anordnen und durchführen. Flugzeugbesatzung und -passagiere können diesem Handeln des Staates auf Grund der von ihnen in keiner Weise beherrschbaren Gegebenheiten nicht ausweichen, sondern sind ihm wehr- und hilflos ausgeliefert. Dies hat zur Folge, dass sie zusammen mit dem Flugzeug gezielt abgeschossen und infolgedessen mit an Sicherheit grenzender Wahrscheinlichkeit getötet werden. Eine solche Behandlung missachtet die Betroffenen als *Subjekte mit Würde und unveräußerlichen Rechten.* Sie werden dadurch, dass ihre Tötung als Mittel zur Rettung anderer benutzt wird, *verdinglicht und zugleich entrechtlicht.* Indem vom Staat über ihr Leben *einseitig* verfügt wird, wird den als Opfern selbst schutzbedürftigen Flugzeuginsassen *der Wert abgesprochen, der dem Menschen um seiner selbst willen zukommt.*[33]“

„Aber“, hakte Christian ein, „könnte man nicht argumentieren, dass die Passagiere und Besatzungsmitglieder im Fall der Fälle in den Abschuss und damit auch *in die eigene Tötung einwilligen?* Und sind diese Menschen – so hart das klingen mag – *nicht ohnehin dem Tode geweiht?* Entweder sie sterben bei dem Attentat oder sie werden abgeschossen. *Was macht das für einen Unterschied?* Werden diese Menschen als Teil

---

[30] Urteil vom 15.02.2006, BeckRS 2006, 21046, Rn 120 mit Verweis auf BVerfGE 1, 97, 104; 107, 275, 284; 109, 279, 312 f.; 45, 187, 227 f.; 27, 1, 6; 45, 187, 228; 96, 375, 399; 30, 1, 26; 87, 209, 228.

[31] *Seelmann/Denko*, Rechtsphilosophie, S. 244, Rn 5.

[32] *Seelmann/Denko*, Rechtsphilosophie, S. 243, Rn 4, mit Verweis auf Kant, Metaphysik der Sitten (1797), Werkausgabe Band VIII, herausgegeben von Weischedel, Nachdruck Frankfurt am Main 2009, S. 600 ff.

[33] Vgl. Urteil vom 15.02.2006, BeckRS 2006, 21046, Rn 123.

des Flugzeuges *nicht selbst zur Waffe*, auch wenn sie persönlich natürlich nichts dafür können? Und gibt es nicht sowas wie eine – wie drücke ich mich am besten aus – naja, *Bürgerpflicht*, sich in so einer Situation zu *opfern*?"

Als Christian diese Worte aussprach, gewahrte er selbst bereits deren Unbarmherzigkeit und Widersprüchlichkeit. Sicher, er selbst würde sich vielleicht opfern wollen, aber auch nur *vielleicht*. *Vielleicht* dachte er in der konkreten Situation und der damit verbundenen Todesangst aber auch *ganz anders*. *Jeder* hing schließlich am Leben, oder? Aber selbst wenn er bereit war, sich für andere zu opfern, so konnte er doch nicht seine Todesbereitschaft auf andere überwälzen, oder? Wer gab ihm denn das Recht dazu?

Olaf, der bewusst eine kurze Pause einlegte, um Christians Worte in all ihrer Wucht wirken zu lassen, fuhr schließlich fort.

„Auch hierzu hat das Bundesverfassungsgericht Ausführungen gemacht, Christian. Deine Argumente sind ja nicht von der Hand zu weisen und gar nicht so weit hergeholt wie du im Moment vielleicht denkst. Aber eine *Abwägung Menschenleben gegen Menschenleben* ist eben schlicht und ergreifend *nicht möglich*, unabhängig davon, ob die unschuldigen Personen an Bord ohnehin dem Tode geweiht sind, wie du sagst, was im Übrigen im Moment des Abschusses nie ganz sicher sein kann. Schließlich könnten die Attentäter ja noch vom Bordpersonal oder den Passagieren überwältigt werden oder aber die Entführer sehen im letzten Moment von ihrer Tat ab. Unwahrscheinlich, ja, aber nicht *unmöglich*. Auch die Annahme in eine *Einwilligung* in die Tötung ist *lebensfremd*. Eine andere Beurteilung rechtfertigt auch nicht die Annahme, wer an Bord eines entführten Flugzeuges sei, das als Waffe gegen andere Menschen eingesetzt werfen soll, sei *selbst Teil dieser Waffe und müsse sich als solcher behandeln lassen*. Diese Annahme bringt geradezu unverhohlen zum Ausdruck, dass die Opfer einer Entführung *nicht mehr als Menschen* wahrgenommen, sondern als *Teil einer Sache* gesehen werden und damit *verdinglicht* werden. Eine *rechtsbürgerliche Pflicht*, sich *töten* zu lassen, kann deshalb erst recht nicht angenommen werden.[34]"

Das alles sah Christian jetzt ein. Klar, der Staat durfte eben nicht entscheiden, welche Leben er opferte und welche nicht. *Er durfte Menschen nicht als Waffe, als Ding, als austauschbar, eben als bloßes Objekt ansehen.* Zwischen ihm und dem Anwalt trat ein längeres Schweigen ein. Dann musste Christian plötzlich an die potenziellen Opfer am Boden denken, die durch die Flugzeugexplosion getötet werden sollten.

---

[34] Vgl. Urteil vom 15.02.2006, BeckRS 2006, 21046, Rn 130 bis 134.

23

„Aber trifft denn den Staat nicht auch eine Pflicht zum *Schutz des Lebens und der Menschenwürde der Opfer* in einem Hochhaus, einem Stadion oder was auch immer? Ist es denn *egal,* dass sie *getötet* werden? Sind diese Menschen denn *nicht genauso schutzwürdig?*", fragte er schließlich aufgebracht.

„Ja", antwortete Olaf ruhig, so als ob er die Frage erwartet hätte, „da hast du absolut Recht. „Auch *deren* Menschenwürde muss der Staat schützen. Allerdings gibt es einen entscheidenden Unterschied: Die Menschen am Boden werden *von Dritten angegriffen,* nicht vom Staat selbst. Der Abschuss der Menschen im Flugzeug hingegen wird *staatlicherseits* angeordnet und durchgeführt. Der Staat muss natürlich auch das Leben der Menschen am Boden schützen, aber er darf dies *nicht* durch die *aktive Tötung* der Menschen im Flugzeug und damit durch Anwendung eines Mittels, dass mit der Verfassung nicht im Einklang steht. Artikel 1 Absatz 1 Satz 1 des Grundgesetzes stellt dies ganz eindeutig klar: *Die Würde des Menschen ist unantastbar.* Daran ändert auch der Umstand nichts, dass ein Vorgehen dazu dienen soll, das Leben *anderer* Menschen zu schützen und zu erhalten.[35] Nochmal: *Leben lässt sich eben nicht gegen Leben abwägen,* insbesondere nicht *von vornherein,* noch dazu durch ein *abstrakt-generelles Gesetz,* dass eben niemals die Komplexität einer Flugzeug-Entführung vorhersehen kann."

Wieder trat langes und nachdenkliches Schweigen ein. Es schien Christian gerade so, als ob Olaf selbst immer wieder das Für und Wider aller Argumente gegeneinander abwog, sich dann aber stets selbst diese sechs Wörter, die den eindeutigen und moralisch wie rechtlich richtigen Satz ergaben, vor Augen führte: *Die Würde des Menschen ist unantastbar.* Ein Satz, der *alles* sagte und der den großen *Unterschied* ausmachte *zwischen Rechtststaat und Entrechtung durch den Staat.*

„Aber wie ist das nun für den *Einzelnen?* Was gilt für den Soldaten, der den Abschuss durchführt und den Verteidigungsminister oder den General, der den Abschuss anordnet? Machten sich diese Leute tatsächlich wegen *Totschlags* oder gar *Mordes* schuldig?". Wieder klang Christians Stimme schärfer als beabsichtigt.

„Das Verfassungsgericht hat *ausdrücklich offengelassen,* wie der Fall *konkret strafrechtlich* zu bewerten sei.[36] *Notwehr* ist aber jedenfalls ausgeschlossen, weil von der Besatzung und den Passagieren *kein Angriff* ausgeht. *Rechtfertigender Notstand* scheidet ebenfalls aus, da die Leben der Menschen im Stadion die der Flugzeuginsassen *nicht wesentlich*

35 Vgl. Urteil vom 15.02.2006, BeckRS 2006, 21046, Rn 136 bis 138.

36 *Rönnau, Thomas,* JuS 2/2017, S. 113 ff. (114) - Grundwissen - Strafrecht: Übergesetzlicher entschuldigender Notstand (analog § 35 StGB), mit Verweis auf JuS 2006, 448 und BVerfGE 115, 118 (157).

überwiegen. Hier kommt der *absolute Lebensschutz* zum Tragen, der sich aus dem *Menschenwürdegehalt des Lebens* ergibt. Darüber hinaus ist die *rechtfertigende Pflichtenkollision* nicht einschlägig, weil sich *nicht zwei gleichwertige Handlungspflichten gegenüberstehen,* sondern den Täter jedenfalls die *Pflicht trifft, die Tötung der Flugzeuginsassen zu unterlassen.* Zuletzt scheidet auch der *entschuldigende Notstand* aus, *da zwischen den Menschen am Boden und ihrem Retter kein besonderes Näheverhältnis besteht.*[37] Auch in diesem Fall wäre also allenfalls ein *übergesetzlicher entschuldigender Notstand* denkbar. Bisher musste aber noch kein oberstes Gericht in Deutschland über die Anerkennung dieses Rechtsinstituts entscheiden.[38] Allerdings sind sich die Juristen weitgehend einig, dass der Abschuss eines Flugzeugs in einem solchen Fall und anderen Fällen der Gefahrgemeinschaft *nicht strafbar sein kann.*[39] Die herrschende Lehre geht dabei in der Tat von einem *übergesetzlichen entschuldigenden Notstand* aus.[40] Entscheidend ist dabei eine *doppelte Schuldminderung:* Einerseits führt die tatsächliche oder versuchte Rettung von Rechtsgütern anderer zu einer *Verminderung des verschuldeten Unrechts.* Zum anderen muss man die *Gewissensnot* berücksichtigen, in der sich der Täter befindet, der sich bei Nichtvornahme der Rettung, die er als

---

[37] *Rönnau, Thomas,* JuS 2/2017, S. 113 ff. (114 f.) - Grundwissen - Strafrecht: Übergesetzlicher entschuldigender Notstand (analog § 35 StGB).

[38] Nur das *OLG Hamm* und einige Untergerichte haben den *übergesetzlichen entschuldigenden Notstand* bisher *anerkannt,* vgl. *Rönnau, Thomas,* JuS 2/2017, S. 113 ff. (115) - Grundwissen - Strafrecht: Übergesetzlicher entschuldigender Notstand (analog § 35 StGB).

[39] vgl. *Rönnau, Thomas,* JuS 2/2017, S. 113 ff. (115) - Grundwissen - Strafrecht: Übergesetzlicher entschuldigender Notstand (analog § 35 StGB). Ob der Fall des Flugzeugabschusses unter die Fallgruppe der Gefahrgemeinschaft gefasst werden kann, ist nicht zweifelsfrei, da der Begriff der Gefahrgemeinschaft hier doch sehr weit ausgelegt wird, wenn man annimmt, dass Flugzeuginsassen und die gefährdeten Personen am Boden *„in einem Boot"* säßen. Auch lässt sich die konkret gefährdete „Gruppe" nicht wirklich hinreichend genau bestimmen. Für eine Einordnung unter diese Kategorie spricht allerdings, dass – wie im *„Bergsteiger-Fall"* – ein wirklicher oder vermeintlich unausweichlicher Schadenverlauf durch das Täterverhalten nur beschleunigt bzw. das Unheil durch die Ausschaltung der Gefahrenquelle abgewendet wird, vgl. *Rönnau, Thomas,* JuS 2/2017, S. 113 ff. (114) - Grundwissen - Strafrecht: Übergesetzlicher entschuldigender Notstand (analog § 35 StGB).

[40] Analog § 35 StGB.

moralische Pflicht empfindet, *ebenfalls* in schwere Schuld verstricken würde.[41] Wenn es also einmal zu einem solchen Strafprozess kommen sollte, würde wohl ein *Freispruch* erfolgen. *Garantiert* ist das aber natürlich *nicht.*"

---

[41] Vgl. *Rönnau, Thomas*, JuS 2/2017, S. 113 ff. (115) - Grundwissen - Strafrecht: Übergesetzlicher entschuldigender Notstand (analog § 35 StGB). Der Motivationsdruck sei insoweit durchaus mit der Eigen- oder Angehörigengefährdung im direkten Anwendungsbereich des § 35 StGB vergleichbar. Bei der Fallgruppe der Umverteilung des Risikos auf bisher Unbeteiligte (*Weichensteller*-Fall) sei das Ergebnis hingegen nicht so eindeutig, weil hier Personen betroffen sind, die ohne die Handlung des Täters noch nicht einmal abstrakt gefährdet wären. Allerdings spreche auch in diesen Fällen vieles für ein *schuldloses Handeln*, da auch hier ein *übermächtiger Motivationsdruck* auf dem Täter liege, vgl. *Rönnau, Thomas*, JuS 2/2017, S. 113 ff. (115) - Grundwissen - Strafrecht: Übergesetzlicher entschuldigender Notstand (analog § 35 StGB). Jedenfalls aber schränkt die herrschende Lehre die Schutzgüter auf *das Leben* ein. Es müsse eine *außergewöhnliche seelische Konfliktlage* bestehen, die nur in Fällen des *quantitativen Lebensnotstandes* gegeben sei und nicht schon bei gegenwärtiger Gefahr für Leib oder (Bewegungs-)Freiheit und erst recht nicht für Eigentum und Vermögen, vgl. *Rönnau, Thomas*, JuS 2/2017, S. 113 ff. (116) - Grundwissen - Strafrecht: Übergesetzlicher entschuldigender Notstand (analog § 35 StGB).

Zwei

Einführung in das Strafrecht

Gegen 12 Uhr gingen sie beide in der Kantine des Gerichtes zu Mittag essen. Überall saßen Richter, Staatsanwälte, Verteidiger, teilweise noch in ihren schwarzen Roben, in denen sie gut erkennbar waren, und Mandanten herum, die beim Essen oder bei einem Kaffee diskutierten und lamentierten. Nachdem sie ihr fades, nicht weiter erwähnenswertes Kantinengericht verspeist hatten, holte Olaf ein paar Unterlagen aus seiner Aktentasche, die aussahen wie angestaubte Gerichtsurteile.

„Um 14 Uhr findet im Amtsgericht Nürnberg, also hier im Gebäude, eine Hauptverhandlung zu einem Körperverletzungsdelikt statt. Ich glaube, der Fall wäre ganz interessant für dich, damit du einmal siehst, wie so ein Strafprozess überhaupt abläuft. Außerdem enthält der Fall ein paar interessante Fragen zum Notwehrrecht. Bis dahin gebe ich dir eine kleine Einführung in das Strafrecht insgesamt. Natürlich – du kennst das ja schon – halte ich dazu keinen Monolog, sondern würde mir die Materie gerne mit dir zusammen erarbeiten. Zuallererst eine Frage: Warum, denkst du, braucht man das Strafrecht überhaupt?", fragte Olaf Wirth.

Christian, der einen so abrupten Übergang von der Mittagspause in die nächste gedankliche Herausforderung aus der Schule nicht gewohnt war, schluckte schnell seinen letzten Bissen hinunter und überlegte eine Weile.

„Dafür kann ich mir verschiedene Gründe vorstellen", antwortete er schließlich. „Zum einen muss man den Täter *abschrecken*, denn wenn er spürbar bestraft wird, dann wird er sich beim nächsten Mal vielleicht überlegen, ob er wieder straffällig wird. Zum anderen hat eine Bestrafung sicher auch Wirkung auf andere Menschen, die sich dadurch vielleicht von einer Straftat *abhalten* lassen. Außerdem muss doch auch irgendwie das *Unrecht* des Täters, naja, *abgegolten* werden, *oder*? *Auge um Auge, Zahn um Zahn,* würde die Bibel sagen, wenn ich mich nicht täusche."

Olaf blickte Christian respektvoll an. „Damit hast du schon fast alle relevanten *Strafzwecke* genannt. Das Ziel der Strafandrohung und -verhängung ist es, der Begehung von Rechtsgutverletzungen entgegenzuwirken, indem die Geltung der normativen Ordnung und das Vertrauen in ihre Durchsetzungskraft bestätigt und die Rechtstreue der Bevölkerung gestärkt wird. Dies nennt man *positive Generalprävention.*[42] Das

---

[42] *Fischer,* StGB, § 46, Rn 2a, mit Verweis auf BVerfGE 45, 254 und 256.

Unwerturteil, das dadurch zum Ausdruck kommt, dass der Täter die im Gesetz angedrohte Strafe erhält, soll den Täter, aber auch andere, davon *abschrecken*, weitere ähnliche Taten zu begehen. Dies wird auch als *negative Generalprävention* bezeichnet.[43] Allerdings hast du einen wichtigen, wenn nicht gar den wichtigsten Zweck vergessen: Die *Resozialisierung*. Diese soll Fähigkeit und Willen zu verantwortlicher Lebensführung vermitteln und helfen, soziale Anpassungsschwierigkeiten zu überwinden. Die Strafe soll es dem Täter ermöglichen, das Strafübel konstruktiv zu verarbeiten. Er soll sich schlicht und einfach *bessern*. Dies bezeichnet man auch als *negative und positive Spezialprävention*.[44] Die reine *Vergeltung* an sich – oder wie du es nennst – *Zahn um Zahn*, kann hingegen *kein* Selbstzweck der Strafe sein.[45] Dies wäre im Hinblick auf die *Menschenwürde* problematisch, denn wäre dann der Täter nicht wiederum bloßes *Objekt*, um das politische Ziel der Sicherheit der Bevölkerung zu erreichen?[46] Jedenfalls aber ist nicht einer dieser Strafzwecke entscheidend, sondern immer *alle zusammen in einem normativen Ausgleich zueinander.*[47]"

„Okay", erwiderte Christian, den diese theoretischen Ausführungen zwar durchaus interessierten, der jetzt aber etwas zum echtem, dem *blutigen* Strafrecht wissen wollte, „jetzt weiß ich, *warum* bestraft wird. Soweit so gut. Aber *was* ist denn nun eigentlich alles *strafbar*? Und wie ist das zum Beispiel, wenn jemand total besoffen ist, wenn er einen anderen umbringt. Dann ist er doch gar nicht strafbar, *oder?*"

„Langsam, langsam", lachte der Anwalt, „du überspringst ja den ganzen *Allgemeinen Teil des Strafgesetzbuches*, also die Frage wie wir – ausgehend von einem *Straftatbestand aus dem Besonderen Teil des Strafgesetzbuches* – überhaupt zu einer Strafbarkeit kommen. Aber gut, zunächst deine erste Frage: *Was ist alles strafbar?* Es würde sicher zu weit gehen, jetzt jeden Straftatbestand durchzugeben. Die Frage, was alles strafbar ist, ist

---

[43] *Fischer*, StGB, § 46, Rn 2a, mit Verweis auf BVerfGE 45, 255 und BGH 24, 44.

[44] *Fischer*, StGB, § 46, Rn 3, mit Verweis auf BVerfGE 33, 7; 35, 202; 35, 235; 45, 259; BGH 24, 40 ff.

[45] *Fischer*, StGB, § 46, Rn 4, mit weiteren Nachweisen.

[46] Das Ziel der bloßen *Sicherung der Allgemeinheit* wird nicht über Strafe, sondern über sog. *Maßregeln der Besserung und Sicherung* erreicht, vgl. *Fischer*, StGB, § 46, Rn 4, mit Verweis auf vor § 61, Rn 1ff.. *Maßregeln sind von Schuld unabhängig*. Maßregeln der Besserung und Sicherung sind zum Beispiel *Unterbringung in einem psychiatrischen Krankenhaus* (§ 63 StGB), *Unterbringung in einer Entziehungsanstalt* (§ 64 StGB) oder die *Entziehung der Fahrerlaubnis* (§ 69 StGB).

[47] Dies wird auch als die sog. *Vereinigungstheorie* bezeichnet, vgl. *Fischer*, StGB, § 46, Rn 2a, mit weiteren Nachweisen.

im *Besonderen Teil des Strafgesetzbuches*, genauer gesagt ab § 80 StGB, geregelt. Dort kannst du die einzelnen Straftatbestände nachlesen, die *nach Rechtsgütern geordnet* sind.

Daneben gibt es auch Straftatbestände in *Spezialgesetzen*, zum Beispiel im *Betäubungsmittelgesetz*[48], für die dann aber auch wieder der Allgemeine Teil des Strafgesetzbuches gilt. Wichtige Straftatbestände sind jedenfalls die *Körperverletzungsdelikte*,[49] *Nötigung*,[50] *Diebstahl*[51] und *Unterschlagung*[52], *Raub*[53] und *Erpressung*[54], *Betrug*[55] und *Untreue*[56], sowie die *Sachbeschädigung*[57]. Nun ziehen wir dein *blutiges* Beispiel heran: *A erschlägt B in volltrunkenem Zustand.* Ich werde den Fall aber noch ein wenig ausschmücken, damit das ganze ein wenig aufgepeppt wird. Sagen wir also: *A erschlägt B mit einem Baseballschläger von hinten, weil er an diesem und an seiner Frau Rache nehmen möchte und weil er eifersüchtig ist. Er ist der Meinung, seine Frau gehöre ihm ganz alleine. Ihm kommt es gerade darauf an, dass B stirbt, er will ihn nicht nur verletzen. B versieht sich keines Angriffs und ist – noch bevor er auf dem Boden aufschlägt – tot. Am Nachmittag desselben Tages hatte A erfahren, dass seine Frau ihn schon eine ganze Weile mit B betrügt.* Das ist unser Grundfall. In einer ersten Abwandlung *betrinkt sich A am Abend – nachdem er erfahren hat, dass ihn seine Frau mit B betrügt – in seiner Stammkneipe, sodass er auf einen Promillewert von 3,7 kommt. Zwar ist A ein geübter Trinker, der auch bei diesem hohen Promillewert noch Einfluss auf seine körperlichen Funktionen hat, also noch gezielt zuschlagen kann. Allerdings nehmen wir an, dass er sich in einem Zustand der Schuldunfähigkeit befindet, also aufgrund des Alkoholkonsums unfähig ist, das Unrecht seiner Tat einzusehen oder nach dieser Einsicht*

---

[48] §§ 29 ff. BtMG. Gem. § 29 Abs. 1 Nr. 1 BtMG wird mit Freiheitsstrafe bis zu fünf Jahren oder mit Geldstrafe wird bestraft, wer *Betäubungsmittel unerlaubt anbaut, herstellt, mit ihnen Handel treibt, sie, ohne Handel zu treiben, einführt, ausführt, veräußert, abgibt, sonst in den Verkehr bringt, erwirbt oder sich in sonstiger Weise verschafft.*

[49] §§ 223 ff. StGB.

[50] § 240 StGB.

[51] § 242 ff. StGB.

[52] § 246 StGB.

[53] §§ 249 ff.

[54] §§ 253 f. StGB.

[55] §§ 263 ff. StGB.

[56] § 266 StGB.

[57] §§ 303 ff. StGB.

zu handeln.[58] Und damit der Fall noch ein wenig spannender wird, nehmen wir in einer zweiten kleinen Abwandlung an, *dass A zwar zum Zeitpunkt der Tat schuldunfähig ist, sich aber mit der Absicht betrunken hat, B in volltrunkenem Zustand zu erschlagen, was dann auch geschieht.* Aber fangen wir von vorne an", erklärte Olaf und überreichte Christian eine vergilbte Ausgabe des Strafgesetzbuches. „Ich gebe dir einen Tipp: Der Tatbestand des *Totschlags* findet sich in § 212 StGB, der des *Mordes* in § 211 StGB. Mann muss diese Vorschriften im Zusammenhang sehen. Wir beginnen mit dem *objektiven Tatbestand*, also der Frage, ob der Täter *alle objektiven Voraussetzungen* erfüllt hat, die im Tatbestand beschrieben sind."

Christian blätterte zu § 212 StGB, weil er wusste, dass der Totschlag *weniger* war als Mord, sodass man bestimmt damit anfangen musste, diese Vorschrift zu prüfen und *erst danach* die zusätzlichen Voraussetzungen des Mordes. Er las laut vor: „§ 212 Absatz 1: *Wer einen Menschen tötet, ohne Mörder zu sein, wird als Totschläger mit Freiheitsstrafe nicht unter fünf Jahren bestraft. Absatz 2: In besonders schweren Fällen ist auf lebenslange Freiheitsstrafe zu erkennen.*"

„Absatz 2 braucht uns hier nicht zu interessieren. Was also meinst du, liegen die Voraussetzungen des § 212 Absatz 1 StGB vor?"

„*Ganz sicher! A, ein Mensch, hat B, einen anderen Menschen, mit dem Baseballschläger erschlagen, also getötet. Ob A ein Mörder ist, ist aber noch zu prüfen.*"

„Sehr gut. Das ist bereits der *objektive Tatbestand*. Nur der Vollständigkeit halber möchte ich hier anmerken, dass nicht nur – wie hier – ein *positives Tun*, sondern auch ein *Unterlassen* strafbar sein kann. So ist etwa ein Totschlag durch Unterlassung möglicher Rettungsmaßnahmen begehbar. Eine Schwangere etwa ist vom Einsetzen der Geburtswehen an verpflichtet, diejenigen Maßnahmen zu treffen, die erforderlich sind, um das Kind zu retten. In einem Fall wurde eine Alkoholikerin verurteilt, die ein Kind alleine in der Badewanne zur Welt brachte, obwohl sie vorher bereits zwei letale Geburtsvorgänge

---

[58] *Fischer*, StGB, § 20, Rn 3. § 20 StGB lautet: „*Ohne Schuld handelt, wer bei Begehung der Tat wegen einer krankhaften seelischen Störung, wegen einer tiefgreifenden Bewußtseinsstörung oder wegen Schwachsinns oder einer schweren anderen seelischen Abartigkeit unfähig ist, das Unrecht der Tat einzusehen oder nach dieser Einsicht zu handeln.*"

hinter sich hatte.[59] Aber zurück zu unserem Fall: Was wir jetzt noch brauchen, ist der *subjektive Tatbestand*. Wir müssen also prüfen, ob A den B *vorsätzlich* getötet hat. *Vorsatz ist – kurz gesagt – das Wissen und Wollen der Tatbestandsverwirklichung*.[60] Dies ergibt sich aus § 15 StGB, der besagt, dass *nur vorsätzliches Handeln strafbar ist, wenn nicht das Gesetz fahrlässiges Handeln ausdrücklich mit Strafe bedroht*. Die *fahrlässige Tötung* eines Menschen ist gemäß § 222 StGB zwar ebenfalls strafbar,[61] aber dies ist für uns nicht weiter wichtig, da A hier ohne Zweifel mit *Absicht* handelt, es kommt ihm gerade auf die Tatbestandsverwirklichung, also den Tod des B, an.[62] Er *will* B ja erschlagen. Es hätte allerdings auch ausgereicht, wenn A den Tod von B nicht unbedingt angestrebt hätte, aber *sicher davon ausgegangen wäre*, dass B stirbt. Vorstellbar wäre in diesem Zusammenhang etwa, dass A den B eigentlich gerne hat und seinen Tod eigentlich vermeiden will, er aber keine andere Möglichkeit sieht, als ihn auszuschalten, um sein eigentliches Ziel, seine Frau zurückzugewinnen, zu erreichen. Genauso wie es im Fall der Absicht gleichgültig ist, ob der Täter die Tatbestandsverwirklichung nur für möglich hält, ist es im Fall des Wissens, wenn der Täter die Verwirklichung für sicher hält, gleichgültig, ob er sie anstrebt.[63] Es hätte darüber hinaus sogar ausgereicht, wenn A nur mit dem

---

[59] *Fischer*, StGB, § 212, Rn 5, mit Verweis auf NStZ 07, 402; 10, 214 f..
§ 13 StGB, der das sog. *unechte* Unterlassungsdelikt regelt, lautet:
„(1) Wer es *unterläßt*, einen Erfolg abzuwenden, der zum *Tatbestand eines Strafgesetzes gehört*, ist nach diesem Gesetz *nur dann strafbar*, wenn er *rechtlich dafür einzustehen hat, daß der Erfolg nicht eintritt*, und wenn das Unterlassen der Verwirklichung des gesetzlichen Tatbestandes durch ein Tun entspricht.
(2) Die Strafe kann nach § 49 Abs. 1 gemildert werden."
Voraussetzung für die Strafbarkeit des *unechten* Unterlassungsdeliktes ist daher, dass der Täter *rechtlich verpflichtet ist, die Rechtsgutsbeeinträchtigung zu verhindern*, also eine *Garantenstellung* innehat, dass ihm die *Verhinderung des Erfolgseintritts durch pflichtgemäßes Handeln möglich und zumutbar* wäre und dass *sein Handeln einem aktiven Tun entspricht*, vgl. *Fischer*, StGB, § 13, Rn 6.
Ein *echtes Unterlassungsdelikt*, bei dem eine *Garantenstellung* im Sinne von § 13 StGB *nicht* erforderlich ist, stellt zum Beispiel § 323c Abs. 1 StGB (*Unterlassene Hilfeleistung*) dar: „*Wer bei Unglücksfällen oder gemeiner Gefahr oder Not nicht Hilfe leistet, obwohl dies erforderlich und ihm den Umständen nach zuzumuten, insbesondere ohne erhebliche eigene Gefahr und ohne Verletzung anderer wichtiger Pflichten möglich ist*, wird mit Freiheitsstrafe bis zu einem Jahr oder mit Geldstrafe *bestraft*."

[60] *Fischer*, StGB, § 20, Rn 3.

[61] § 222 StGB: „*Wer durch Fahrlässigkeit den Tod eines Menschen verursacht, wird mit Freiheitsstrafe bis zu fünf Jahren oder mit Geldstrafe bestraft.*"

[62] *Fischer*, StGB, § 15, Rn 6. Dieses Handeln mit *herausgehobenem Willensfaktor* nennt man auch *dolus directus 1. Grades*.

[63] *Fischer*, StGB, § 15, Rn 7. Dieses Handeln mit *herausgehobenem Wissensfaktor* nennt man auch *dolus directus 2. Grades*.

sogenannten *bedingten Vorsatz* gehandelt hätte, also mit dem Eintritt des Todes in dem Sinne einverstanden ist, dass er ihn *für möglich hält und billigend in Kauf nimmt.*[64] Bei Tötungsdelikten muss man diesbezüglich wegen der *hohen Hemmschwelle* allerdings eher *zurückhaltend* sein.[65] Wenn man jemanden mit einem Baseballschläger auf den Kopf schlägt, ist allerdings davon auszugehen, dass man eine tödliche Folge wegen der Gefährlichkeit der Verletzung wichtiger Hirnareale für möglich hält und diese Folge auch billigt. Interessant wäre vor diesem Hintergrund eher der Fall, dass A bei der Ausführung des Schlages glaubte, B zu töten, in Wirklichkeit aber den völlig *Unbeteiligten* C tötete. In diesem Fall könnte man ja die Meinung vertreten, A habe zwar *einen Menschen getötet*, aber eben *nicht den, den er zu töten glaubte.* Insoweit besagt § 16 StGB, dass, wer *bei Begehung der Tat einen Umstand nicht kennt, nicht vorsätzlich handelt.* Eine solche Konstellation nennt man auch *Tatbestandsirrtum* mit der Folge, dass der *subjektive Tatbestand nicht erfüllt und eine Strafbarkeit ausgeschlossen ist.* Der Irrtum kann *jedes* Tatbestandsmerkmal betreffen. Man stelle sich etwa den Dieb vor, der glaubt, eine fremde Sache wegzunehmen, während diese Sache in Wirklichkeit nur an das Opfer ausgeliehen war und damit ihm selbst gehörte. Hier irrt sich der Täter über das Tatbestandsmerkmal *fremd*, das im Tatbestand des Diebstahls enthalten ist.[66] Im oben beschriebenen Fall jedoch hat sich A zwar über die Person des Opfers geirrt, ein vorsätzliches Tötungsdelikt setzt aber lediglich voraus, dass der Täter *einen anderen Menschen tötet, nicht* jedoch, dass er *dessen Identität kennt.* A wollte im Moment des Schlages *einen Menschen töten,* er wollte den Menschen erschlagen, der vor ihm stand, irrte sich also nur über die *Identität,* da er C und nicht B tötete. Eine Strafbarkeit wäre also *trotzdem* gegeben. Dies nennt man auch einen *unbeachtlichen error in persona vel objecto.*[67] Anders liegt der Fall hingegen bei der sogenannten *aberatio ictus,* also dem *Fehlgehen der Tat.* Stell dir vor, A wollte den B nicht erschlagen, sondern erschießen. Der Schuss geht allerdings fehl und trifft *unbeabsichtigt den weit entfernt stehenden, unbeteiligten C.* Hier irrt sich A über den *tatsächlichen Kausalverlauf,* der beim Erfolgsdelikt mit zum objektiven Tatbestand gehört und vom Vorsatz umfasst sein muss. A ginge deswegen aber natürlich *nicht* straffrei aus, denn er wäre natürlich trotzdem *wegen versuchten Mordes in Tateinheit mit fahrlässiger*

---

[64] *Fischer,* StGB, § 15, Rn 9a.

[65] *Fischer,* StGB, § 20, Rn 9c.

[66] § 242 Abs. 1 StGB: „Wer eine *fremde* bewegliche Sache einem anderen in der Absicht wegnimmt, die Sache sich oder einem Dritten rechtswidrig zuzueignen, wird mit Freiheitsstrafe bis zu fünf Jahren oder mit Geldstrafe bestraft."

[67] Vgl. hierzu *Fischer,* StGB, § 16, Rn 5, mit weiteren Nachweisen.

Tötung[68] strafbar, da er den *Tatplan* hatte, den B zu töten und mit dem Schuss auf C zur Tatbestandsverwirklichung, der Tötung des B, *unmittelbar ansetzte* sowie den C *vorhersehbar und vermeidbar fahrlässig tötete.*[69] In unserem Fall des Totschlagens mit einem Baseballschläger ist der Tatbestand des Totschlags aber *eindeutig* erfüllt. Sind wir denn damit schon fertig mit der Tatbestandsprüfung?"

„Ich denke, als nächstes sollten wir prüfen, ob über den Totschlag hinaus ein *Mord* vorliegt, also sollten wir den Tatbestand von § 211 StGB prüfen, *oder*?"

„Und was hat der Mordparagraph für Voraussetzungen?"

„Absatz 1 besagt, dass *der Mörder mit lebenslanger Freiheitsstrafe bestraft wird.* Aber das ist ja die *Rechtsfolge, oder*?"

„Genau, Christian. Zur Rechtsfolge des Mordes werde ich später noch ein paar Worte verlieren. Und der *Tatbestand*?"

„Der befindet sich in Absatz 2." Christian las vor: „*Mörder ist, wer aus Mordlust, zur Befriedigung des Geschlechtstriebs, aus Habgier oder sonst aus niedrigen Beweggründen, heimtückisch oder grausam oder mit gemeingefährlichen Mitteln oder um eine andere Straftat zu ermöglichen oder zu verdecken, einen Menschen tötet.* Das ist jetzt aber jetzt ein ganz schöner Mischmasch aus objektiven und subjektiven Tatbestandsmerkmalen", stellte er nach kurzem Nachdenken fest.

„Gut erkannt. Meinst du, du kannst die verschiedenen Mordmerkmale in *Gruppen* einteilen, die zueinander passen und damit ein bisschen Ordnung in das Wirrwarr bringen?"

---

[68] §§ 212, 211, 22, 23 Abs. 1, 1. Alt. (*versuchter Mord*); 222 (*fahrlässige Tötung*); 52 (*Tateinheit*) StGB.

[69] Vgl. hierzu *Fischer*, StGB, § 16, Rn 6, mit weiteren Nachweisen. Der *Versuch des Mordes* ist strafbar, da er *im Mindestmaß mit Freiheitsstrafe von einem Jahr oder darüber bedroht* ist, er damit ein *Verbrechen* gem. § 12 Abs. 1 StGB darstellt, denn *Versuch* gem. § 23 Abs. 1 1. Alt. stets strafbar ist. Der *Versuch eines Vergehens*, also einer rechtswidrigen Tat, die *im Mindestmaß mit einer geringeren Freiheitsstrafe oder mit Geldstrafe bedroht* ist, ist *nur dann strafbar, wenn das Gesetz es ausdrücklich bestimmt*, vgl. § 23 Abs. 1 2. Alt. StGB. Gem. § 23 Abs. 2 StGB *kann der Versuch milder bestraft werden als die vollendete Tat* (§ 49 Abs. 1). Die *fahrlässige Tötung* ist gem. § 222 StGB strafbar und wird mit Freiheitsstrafe bis zu fünf Jahren oder mit Geldstrafe bestraft. *Fahrlässigkeit* ist nach dem in ständiger Rechtsprechung vertretenen „*zweistufigen*" *Begriff* gegeben, *wenn der Täter einen Tatbestand rechtswidrig verwirklicht, indem er objektiv gegen eine Sorgfaltspflicht verstößt, die gerade dem Schutz des beeinträchtigten Rechtsguts dient, und wenn dieser Pflichtverstoß unmittelbar oder mittelbar eine Rechtsgutsverletzung zur Folge hat, die der Täter nach seinen subjektiven Kenntnissen und Fähigkeiten vorsehen und vermeiden konnte,* vgl. *Fischer*, StBG, § 15, Rn 12a, mit weiteren Nachweisen.

„Also, die *erste Gruppe – von Mordlust bis sonstige niedrige Beweggründe –* sind *subjektive Mordmerkmale*, weil sie den *Beweggrund des Täters* betreffen.[70] *Die zweite Gruppe* von Mordmerkmalen – also *Heimtücke und grausame Begehungsweise sowie Begehung mit gemeingefährlichen Mitteln –* betrifft die *besonders gefährliche oder verwerfliche Ausführungsweise der Tötung,*[71] ist also rein *objektiv.* Die *dritte Gruppe,* also die *Tötung mit Ermöglichungs- oder Verdeckungsabsicht einer anderen Straftat* betrifft wieder die *verwerfliche Intention des Täters,* beschreibt also wiederum *subjektive Merkmale.* In unserem Fall hat der Täter *heimtückisch* gehandelt, weil sich das Opfer keines Angriff versah, also A nicht kommen sah und sich somit auch nicht verteidigen konnte, als der tödliche Schlag mit dem Baseballschläger erfolgte, *oder*?"

„Nach ständiger Rechtsprechung handelt *heimtückisch, wer eine zum Zeitpunkt des Angriffs bestehende Arg- und Wehrlosigkeit des Opfers bewusst zur Tat ausnutzt.*[72] *Arglos ist, wer sich eines Angriffs nicht versieht, also die Vorstellung hat, vor einem Angriff sicher zu sein.*[73] *Wehrlos ist das Opfer, wenn ihm die natürliche Abwehrbereitschaft fehlt oder stark eingeschränkt ist.*[74] Da da das Opfer vorliegend – wie du richtig ausgeführt hast – gerade *aufgrund* seiner Arglosigkeit wehrlos ist, dies der Täter auch wusste und bewusst für einen tödlichen Schlag ausgenutzt hat, ist eine heimtückische Begehungsweise eindeutig zu bejahen. Liegen denn noch weitere Mordmerkmale vor?"

„A handelte doch aus *Rache* und auf *Eifersucht, oder*? Beide Worte kann ich im § 211 StGB aber nicht finden. Trotzdem könnte es doch sein, dass vor allem die Rache ein *sonstiger niedriger Beweggrund* ist, denn die ausdrücklich geregelten subjektiven Mordmerkmale wie Mordlust und Habgier sind ja vom Unrechtsgehalt her durchaus vergleichbar, *oder*?"

„Wieder richtig. *Niedrige Beweggründe liegen nach ständiger Rechtsprechung vor, wenn die Motive einer Tötung nach allgemeiner sittlicher Anschauung verachtenswert sind und auf tiefster Stufe stehen.*[75] Das muss bei der Rache und der Eifersucht nicht immer und automatisch so sein, bei einem klassischen Rachemord, bei dem der Täter ein

---

[70] *Fischer,* StGB, § 211, Rn 7.

[71] *Fischer,* StGB, § 211, Rn 33.

[72] *Fischer,* StGB, § 211, Rn 34, mit Verweis auf einschlägige Rechtsprechung.

[73] *Fischer,* StGB, § 211, Rn 35.

[74] *Fischer,* StGB, § 211, Rn 39.

[75] *Fischer,* StGB, § 211, Rn 14a, mit Verweis auf einschlägige Rechtsprechung.

uneingeschränktes Besitzrecht auf das Opfer demonstriert, kann man das aber durchaus annehmen.[76]"

„Dann haben wir also einen Mord!", konstatierte Christian.

„Gemach, Gemach", bremste ihn der Anwalt. „Zwar hast du – jedenfalls bezüglich unseres Grundfalls – recht, aber als Jurist musst du wissen, dass die strafrechtliche Prüfung mit der Tatbestandsmäßigkeit noch nicht abgeschlossen ist. Als Nächstes müssen wir prüfen, ob A auch *rechtswidrig* handelte, also ob zum Beispiel ein Fall der *Notwehr* oder des *Notstandes* gegeben war. Dies ist indes ersichtlich nicht der Fall. Also müssen wir zuletzt prüfen, ob A auch *schuldhaft* gehandelt hat, ob ihm sein Verhalten also auch *persönlich vorwerfbar* ist. Im Grundfall haben wir da keine Zweifel. Aber wie sieht das in den beiden Abwandlungen aus?"

„In der ersten Abwandlung betrinkt sich A am Nachmittag vor der Tat und wir haben gesagt, wir gehen von einer *absoluten Schuldunfähigkeit* aus, weil er ja nicht mehr weiß, was er tut und das Unrecht seiner Tat auch nicht mehr einsehen kann. Aber dann ist er doch *nicht strafbar, oder*? So hart dieses Ergebnis für die Angehörigen auch sein mag." Christian verzog das Gesicht. *Das konnte doch nicht sein.*

„Fast richtig. Des Mordes ist er nicht strafbar, da er diesen tatsächlich *nicht schuldhaft* begeht. Aber für diese Fälle hat der Gesetzgeber eine Lösung vorgesehen, da ihm dieses Ergebnis – genauso wie dir, wenn ich mir dein Gesicht so ansehe, das aussieht, als ob du in eine Zitrone gebissen hättest – nicht gerecht erschien. Das kling jetzt vielleicht lustiger, als es ist, aber A hat sich in der ersten Abwandlung eines *Vollrausches* gemäß § 323a StGB strafbar gemacht."

„*Wie jetzt? Vollrausch ist eine Straftat?* Dann wären ja *alle* im Gefängnis", bemerkte Christian kichernd. „*Wie kann das sein?* Da muss doch noch was *dazu kommen, oder?*", fügte er etwas ernster hinzu.

„Ja, natürlich. Ich gebe zu, die Bezeichnung *Vollrausch* ist nicht glücklich gewählt, ist aber tatsächlich die offizielle Bezeichnung dieses Straftatbestandes. Ich lese dir den Absatz 1 dieser Vorschrift einmal vor: ‚*Wer sich vorsätzlich oder fahrlässig durch alkoholische Getränke oder andere berauschende Mittel in einen Rausch versetzt, wird mit Freiheitsstrafe bis zu fünf Jahren oder mit Geldstrafe bestraft, wenn er in diesem Zustand eine rechtswidrige Tat begeht und ihretwegen nicht bestraft werden kann, weil er infolge des Rausches schuldunfähig war oder weil dies nicht auszuschließen ist.*' Was meinst du? Trifft in unserer ersten Abwandlung doch zu, *oder?*"

---

[76] *Fischer*, StGB, § 211, Rn 24, mit Verweis auf BGH 3, 180; 22, 12.

„Ja!", stellte Christian fest. „Unser A hat *rechtswidrig, aber nicht schuldhaft einen Mord begangen, weil er sich vorsätzlich durch alkoholische Getränke in einen Rausch versetzt hat*, denn er nahm ja sicher zumindest *billigend in Kauf*, dass er später einen Vollrausch haben würde, handelte also *bedingt vorsätzlich bezüglich des Rausches*. Aber auch wenn er nur *fahrlässig* handelte, macht das keinen Unterschied, weil *auch das fahrlässige In-Rausch-Versetzen* unter den Tatbestand fällt. Deswegen konnte A nicht wegen Mordes bestraft werden. Aber eines verstehe ich nicht", gab Christian zu, „du hast gesagt, der Vorsatz muss sich auf *alle Tatbestandsmerkmale* beziehen, aber A hatte doch *keine Ahnung, dass er in besoffenem Zustand einen Mord begehen würde*. Also ist doch der subjektive Tatbestand *nicht* erfüllt, *oder?*"

„Aber wenn dem so wäre, machte der ganze Tatbestand ja überhaupt keinen Sinn, Christian. Deshalb handelt es sich bei dem Merkmal *der Begehung einer rechtswidrigen Tat* ausnahmsweise nicht um ein echtes Tatbestandsmerkmal, sondern um eine *objektive Bedingung der Strafbarkeit*, die vom Vorsatz *nicht* umfasst sein muss.[77] In diesem Zusammenhang ist es wichtig zu verstehen, dass der *Schutzzweck* des Vollrausches nicht in erster Linie der Schutzzweck der begangenen Tat ist, also in unserem Fall das Leben des Opfers. Vielmehr ist Hauptschutzzweck die *Sicherheit der Allgemeinheit vor den von Berauschten üblicherweise ausgehenden Gefahren*. Der Vollrausch ist damit ein *abstraktes Gefährdungsdelikt*. Dem Schuldvorwurf unterworfen ist demzufolge das Sich-in-einen-Rausch-Versetzen an sich, weil es eben *per se* mit *erhöhter Wahrscheinlichkeit zu gefährlichen Handlungen des Berauschten führen kann*.[78]"

„Aber was ist dann der *Unterschied* zur begangenen Straftat, wenn ich am Ende *trotz* Rausches und Schuldunfähigkeit strafbar bin? Das ist doch *unlogisch*", versetzte Christian.

„Hast du einmal die *Rechtsfolgen* des Mordes und des Vollrausches miteinander verglichen?", stellte Olaf eine Gegenfrage, die er sogleich selbst beantwortete. „So heißt es in § 211 Absatz 1 StGB: ,*Der Mörder wird mit lebenslanger Freiheitsstrafe bestraft.*' Der Täter des Vollrausches wird hingegen nur mit *Freiheitsstrafe bis zu fünf Jahren oder mit Geldstrafe* bestraft. § 323a Absatz 2 StGB ordnet zudem an, dass *die Strafe nicht schwerer sein darf als die Strafe, die für die im Rausch begangene Tat angedroht ist*. Dies ist für unseren Fall natürlich nicht relevant, da Mord selbstverständlich viel höher bestraft wird als der Vollrausch. Aber es sind ja auch viele andere Straftaten denkbar, die im Vollrausch begangen werden können, die aber – wie zum Beispiel der Hausfriedensbruch

---

[77] *Fischer*, StGB, § 323a, Rn 17.

[78] *Fischer*, StGB, § 323a, Rn 2 und 17.

– nur mit *Freiheitsstrafe bis zu einem Jahr oder mit Geldstrafe* bestraft werden.[79] Dann stellt die Höchststrafe von einem Jahr Freiheitsstrafe selbstverständlich auch die Höchststrafe des Vollrausches dar. Für unseren Fall von Bedeutung ist hingegen der Strafrahmen des Vollrausches selbst, denn die Höchststrafe hierfür beträgt *fünf Jahre Freiheitsstrafe.* Im Umkehrschluss bedeutet dies, dass die rechtswidrige Ermordung eines Menschen vorliegend nicht mit lebenslanger Freiheitsstrafe, sondern nur *mit höchstens fünf Jahren Freiheitsstrafe* bestraft wird. Schon ein *deutlicher* Unterschied, *oder?"*

„Ja, das stimmt", sah Christian ein. „Aber *lebenslänglich* bedeutet doch auch *nicht wirklich lebenslänglich* in Deutschland. Soweit ich weiß, kommt man doch spätestens *nach fünfzehn Jahren* wieder frei. Also *so groß* ist der Unterschied dann *doch nicht, oder?"*

„Das ist nicht ganz richtig. Lebenslang bedeutet auch in Deutschland *lebenslang,* allerdings wird der *Rest der Strafe nach 15 Jahren in der Regel zur Bewährung ausgesetzt.*[80] Dies ist wiederum einem gerechten Ausgleich zwischen der Menschenwürde im Hinblick auf das Freiheitsgrundrecht der Verurteilten und dem Interesse der Allgemeinheit nach Sicherheit geschuldet.[81] Wenn das Gericht allerdings *die besondere Schwere der Schuld* des Verurteilten ausspricht, ist eine *Aussetzung der Reststrafe zur Bewährung ausgeschlossen.*[82] Umstände, die für eine besondere Schwere der Schuld sprechen, sind etwa mehrere Opfer, ein extrem brutales Vorgehen, besonders verwerfliche Motive oder fehlende Reue. Dies war etwa im Fall *Gäfgen* der Fall.[83]"

„Alles andere wäre bei so einem brutalen und gewissenlosen Entführer und Mörder ja auch *lächerlich!",* echauffierte sich Christian. Dann kam ihm ein Gedanke. „Hat das Gericht dann *umgekehrt* auch die Möglichkeit, bei einem Mord eine *geringere Strafe als lebenslang* auszusprechen, zum Beispiel wenn eine Ehefrau ihren gewalttätigen Ehemann heimtückisch vergiftet, weil dieser sie und ihr Kind ständig auf das Übelste misshandelt?

---

[79] § 123 Abs. 1 StGB: „*Wer in die Wohnung, in die Geschäftsräume oder in das befriedete Besitztum eines anderen* oder in abgeschlossene Räume, welche zum öffentlichen Dienst oder Verkehr bestimmt, *widerrechtlich eindringt,* oder wer, wenn er *ohne Befugnis darin verweilt, auf die Aufforderung des Berechtigten sich nicht entfernt,* wird mit *Freiheitsstrafe bis zu einem Jahr oder mit Geldstrafe* bestraft."

[80] § 57a Abs. 1 StGB.

[81] *Fischer,* StGB, § 57a, Rn 2, mit Verweis auf BVerfGE 45, 187, 245 und BVerfG NJW 09, 1941.

[82] § 57a Abs. 1 S. 1 Nr. 2 StGB.

[83] http://www.faz.net/aktuell/gesellschaft/stichwort-lebenslang-und-besondere-schwere-der-schuld-1118948.html, abgerufen am 23.8.2017. Das heißt aber nicht, dass die Täter zwangsläufig immer ihr Leben lang inhaftiert bleiben müssen. Hierüber entscheidet die Vollstreckungskammer, *Fischer,* StGB, § 57a, Rn 14.

Kann man da nicht bei der *Strafzumessung* gnädig sein und meinetwegen nur vier Jahre Freiheitsstrafe verhängen. Man kann diese Frau doch nicht mit anderen Mördern wie zum Beispiel mit *Gäfgen* vergleichen, *oder*? Das wäre doch wirklich *ungerecht, oder*?"

„Jetzt sprichst du eines der größten Probleme beim Mordparagraphen an, denn in der Tat sieht dieser nur *eine einzige Strafe* vor, nämlich eine lebenslängliche Freiheitsstrafe. Diese Strafe ist *absolut* und *zwingend*.[84] Es gibt beim Mord *keinen Strafrahmen* wie bei anderen Straftaten, der eine *Differenzierung* ermöglicht. Es gibt auch *keinen minder schweren Fall*, wie etwa beim Totschlag.[85] Einzig und allein im Ausspruch der *besonderen Schwere der Schuld* hat das Tatgericht eine Möglichkeit der *Strafzumessung*.[86] Also *was* tun, wenn ein Fall vorliegt, in dem die lebenslange Freiheitsstrafe trotz Vorliegen eines Mordes schlicht und ergreifend *ungerecht* ist, da *mildernde Umstände* gegeben sind, etwa weil die Täterin oder deren Kinder zuvor vom Ermordeten misshandelt wurden oder der Ermordete den Täter vor der Tat schwer beleidigt und gereizt hat? Das Gesetz sieht hier *keine* Lösung vor."

„Also aus dem Zivilrecht weiß ich, dass es auch eine *richterliche Rechtsfortbildung* gibt. Wäre das nicht auch im Strafrecht denkbar?"

„Du bist auf der richtigen Spur. Der *Bundesgerichtshof* hat für den Fall des *Heimtücke-Mordes* in *Extremfällen* eine *Ausnahme von der absoluten Strafandrohung* angenommen. Diese sogenannte *Rechtsfolgenlösung* folge aus dem verfassungsrechtlichen *Übermaßverbot* und habe die *zwingende Anwendung* des § 49 Absatz 1 Nummer 1 StGB zur Folge, der eine *Milderung der lebenslangen Freiheitsstrafe auf Freiheitsstrafe nicht unter drei Jahren* vorsieht, allerdings nur wenn *das Gesetz* – und nicht ein Gericht wie der BGH – auf diese Vorschrift verweist.[87] Dennoch wendet der BGH die Milderungsvorschrift hier an. Er hat in diesem Zusammenhang aber wiederholt daraufhin hingewiesen, dass auch bei einem Heimtücke-Mord *im Regelfall* auf eine lebenslange Freiheitsstrafe zu erkennen sei. Eine Abweichung komme nur bei Entlastungsfaktoren in Betracht, die den Charakter *außergewöhnlicher Umstände* aufweisen und die Verhängung einer

---

[84] *Fischer*, StGB, § 211, Rn 99.

[85] § 213 StGB: „War der *Totschläger ohne eigene Schuld* durch eine ihm oder einem Angehörigen zugefügte *Mißhandlung oder schwere Beleidigung* von dem getöteten Menschen zum Zorn gereizt und hierdurch auf der Stelle zur Tat hingerissen worden oder liegt *sonst ein minder schwerer Fall* vor, so ist die Strafe Freiheitsstrafe von *einem Jahr bis zu zehn Jahren.*"

[86] *Fischer*, StGB, § 211, Rn 100.

[87] *Fischer*, StGB, § 211, Rn 46 und 101, mit Verweis auf einschlägige Rechtsprechung des BGH und BVerfGE 45, 187, 267.

lebenslangen Freiheitsstrafe als *unverhältnismäßig* erscheinen lassen.[88] Ich möchte allerdings nicht verheimlichen, dass die *Praxis* versucht, die Rechtsfolgenlösung zu vermeiden, indem sie nach Möglichkeit *andere* Strafmilderungsmöglichkeiten anwendet, etwa bei *verminderter Schuldfähigkeit* oder im Fall des *unvermeidbaren Irrtums über das Vorliegen eines entschuldigenden Notstandes*,[89] oder aber sie versucht, bereits den *Tatbestand*, also *den Begriff der Heimtücke selbst, restriktiv* auszulegen.[90] Dies ist meiner Meinung nach auch die vorzugswürdige Lösung, zumal der Begriff der Heimtücke durchaus *interpretationsfähig* ist. Der Vorteil dieser Lösung für den *konkret* entscheidenden Richter besteht darin, dass er nicht *gegen den ausdrücklichen Gesetzeswortlaut* entscheiden muss, sondern das Gesetz *entsprechend seinem Zweck* auslegen kann."

„Okay, das sehe ich ein", gab Christian zu Protokoll. „Ich hätte als Richter auch ein blödes Gefühl, wenn ich einfach einen Milderungsparagraphen anwende, obwohl das Gesetz das eigentlich nicht vorsieht. Auch wenn ich damit dem BGH folgen würde. In unserem Fall ist das aber ja gar nicht relevant, da der Sachverhalt keinen solchen Grenzfall beschreibt, sondern einen glasklaren und eindeutigen Heimtücke-Mord ohne mildernde Umstände. Und wie ist das bei unserer *zweiten Abwandlung*? A hätte hier doch wiederum eine lebenslange Freiheitsstrafe *verdient*, da er zum Zeitpunkt des Sich-Betrinkens schon *vorhatte*, B im berauschten Zustand umzubringen. Aber auch in diesem umgekehrten Fall müssten die Richter bei einer Verurteilung wegen Mordes doch gegen das Gesetz verstoßen, da der Täter ja zum Zeitpunkt der Tat *eindeutig schuldunfähig* war, *oder*? Insoweit käme ja auch in der zweiten Abwandlung nur eine Verurteilung wegen Vollrausches in Betracht. Oder gibt es auch hier so etwas wie eine *richterliche Rechtsfortbildung?*"

„In der Tat", gab der Anwalt zur Antwort, dem das Staunen über Christians schnelle Auffassungsgabe anzusehen war. „Du stimmst ja sicherlich mit mir überein, dass es *grob unbillig* wäre, den A in der zweiten Abwandlung, also in der Fallkonstellation, in der sich A *mit der Absicht betrinkt, B in volltrunkenem Zustand zu erschlagen*, nicht zu bestrafen. Deshalb geht der BGH davon aus, dass *bereits das vorsätzliche Sich-Betrinken oder In-Rausch-Versetzen den Beginn der Tatbestandsverwirklichung darstellt*. Dies wird auch als

---

[88] *Fischer*, StGB, § 211, Rn 101, mit weiteren Nachweisen.

[89] § 21 und § 35 Abs. 2 S. 2 StGB.

[90] *Fischer*, StGB, § 211, Rn 104, mit Verweis auf Rn 53 und BGH 48, 207.

actio libera in causa bezeichnet, zu deutsch soviel wie ‚*vorgelagerte Verantwortlichkeit.*'[91] Nach dieser Rechtsfigur können im Zustand der Schuldunfähigkeit vorgenommene Handlungen, die nach allgemeinen Grundsätzen nicht Teil einer rechtswidrigen Tat sind, eine strafrechtliche Verantwortlichkeit für diese spätere Tat auch dann begründen, wenn der Täter *zum Zeitpunkt der eigentlichen Tatausführung aufgrund des ihm zurechenbaren Vorverhaltens schuldunfähig* ist. Die *actio libera in causa* ist also dadurch gekennzeichnet, dass der Täter *zur Tatzeit schuldunfähig* ist, gleichwohl aber strafrechtlich haftet, weil er *vorab in verantwortlichem Zustand das Tatgeschehen in Gang gesetzt hat.*[92] In unserem Fall liegt eine *vorsätzliche actio libera in causa* vor, da A den eigentlichen Mord zwar im Zustand der absoluten Schuldunfähigkeit begeht, diesen Zustand aber *zuvor vorsätzlich herbeigeführt hat* und weiß oder damit rechnet und einverstanden ist, dass er eine bestimmte Tat, hier den Mord an B, begeht und damit einen konkreten strafrechtlichen Erfolg in dem erwarteten Zustand verursacht.[93] Begründet wird dies vor allem damit, dass A – hätte er sich *eines Dritten als Werkzeug bedient*, also etwa den schuldunfähig betrunkenen C veranlasst, B zu töten – als *mittelbarer Täter* des Mordes schuldig gemacht hätte.[94] § 25 Absatz 1 StGB besagt nämlich, dass als Täter bestraft wird, wer die Tat selbst *oder durch einen anderen* begeht. Dann kann aber nichts anderes gelten, wenn A sozusagen selbst im Moment der Tat *ein anderer* ist, der aber zuvor durch das vorsätzliche In-Rausch-Setzen von A selbst zum Werkzeug gemacht worden ist."

„*Wow, das klingt aber ganz schön psychologisch. Fast so, als ob der Täter eine gespaltene Persönlichkeit hätte*", bemerkte Christian ungläubig.

„In der Tat", lachte der Anwalt, „hört sich tatsächlich ein wenig so an. Damit hätten wir unseren Fall mitsamt Abwandlungen gelöst. Aber – wie du sicher bemerkt hast – habe ich

---

[91] Sog. *Tatbestandslösung*, vgl. *Fischer*, StGB, § 20, Rn 52, 53, mit Verweis auf einschlägige Rechtsprechung, Kritik und abweichende Literaturansichten. Hervorzuheben sind das *Ausdehnungsmodell* (Ausdehnen des gesetzlichen Tatbestandes auf das vorsätzliche oder fahrlässige Vorverhalten), das *Ausnahmemodell* (Ausnahme vom gesetzlichen Tatbestand) und das *Unrechtsmodell* (Vorverhalten wird vom Unrechtsurteil einer Tat mit umfasst).

[92] *Fischer*, StGB, § 20, Rn 49.

[93] *Fischer*, StGB, § 20, Rn 50, mit Verweis unter anderem auf BGH 2, 17; 10, 251; 17, 259; 21, 381; 34, 33. Ob sich der Vorsatz im Sinne eines *Doppelvorsatzes* sowohl auf die Begehung der tatbestandsmäßigen Handlung als auch auf den Defektzustand beziehen muss, hat der BGH offen gelassen, vgl. *Fischer*, StGB, § 20, Rn 50, mit Verweis auf NStZ 02, 28: *Nicht erforderlich ist, dass das Herbeiführen der Schuldunfähigkeit gerade der Tatbegehung dient, indem sich der Täter zum Beispiel Mut antrinkt. Es reicht jedenfalls aus, dass der Täter nach dem Tatentschluss Rauschmittel zu sich nimmt, obwohl er damit rechnet und billigt, dass er die Tat in schuldunfähigem Zustand begehen werde.*

[94] *Fischer*, StGB, § 20, Rn 52, mit Verweis unter anderem auf BGH 2, 14, 17.

dir ein paar *echte* Urteile mitgebracht." Er klopfte mit der rechten Hand auf den vor sich drapierten Papierstapel und schob ihn dann auf Christians Tischseite. „Es handelt sich dabei um Fälle, die jeder Student einmal gelesen haben sollte und die ich ein wenig ausführlicher mit dir besprechen möchte. Das erste Urteil behandelt den berühmten *Katzenkönig*-Fall und ist prädestiniert dafür, dir die Unterschiede zwischen *Täterschaft* und *Anstiftung*, den *Versuch* sowie den *Verbotsirrtum* näher zu bringen. Noch dazu ist der Fall überaus kurios: Der Angeklagten H gelang es im bewussten Zusammenwirken mit P, dem leicht beeinflussbaren Angeklagten R zunächst die Bedrohung ihrer Person durch Zuhälter und Gangster vorzugaukeln und ihn in eine Beschützerrolle zu drängen. Später brachten beide den R durch geschicktes Schauspiel, das Vorspiegeln hypnotischer und hellseherischer Fähigkeiten und die Vornahme mystischer Kulthandlungen dazu, an die Existenz des *Katzenkönigs* zu glauben, der seit Jahrtausenden das Böse verkörpere und die Welt bedrohe. R war in seiner Kritikfähigkeit sehr eingeschränkt und glaubte – auch aus Liebe zu H –, dass er auserkoren sei, gemeinsam mit den beiden anderen den Kampf gegen den *Katzenkönig* aufnehmen zu müssen. Er musste Mutproben bestehen, sich katholisch taufen lassen und H ewige Treue schwören. Als die Angeklagte H von der Heirat ihres früheren Freundes N erfuhr, entschloss sie sich aus Hass und Eifersucht, dessen Frau A von R unter Ausnutzung seines Aberglaubens töten zu lassen. In stillschweigendem Einverständnis mit P, der – wie H wusste – seinen Nebenbuhler loswerden wollte, spiegelte die Angeklagte H dem R vor, der *Katzenkönig* verlange von ihm ein Menschenopfer in der Gestalt der A, weil R so viele Fehler begangen habe. Falls er die Tat nicht in nächster Zeit begehe, müsse er sie verlassen und die Menschheit oder Millionen von Menschen würden vom *Katzenkönig* vernichtet werden. R erkannte, dass eine solche Tat Mord sein würde, suchte dann auch unter Berufung auf das fünfte Gebot – *Du sollst nicht töten!* – nach einem Ausweg. Jedoch redeten ihm die Angeklagten H und P erfolgreich ein, dass das Tötungsverbot für sie aufgrund eines göttlichen Auftrages nicht gelte. R musste unter Berufung auf Jesus einen Mord schwören, anderenfalls sei seine Seele für immer verdammt. R war hin- und hergerissen, entschloss sich aber schließlich zu der befohlenen Tat, um Millionen Menschen zu retten, wie er glaubte. Er suchte A in ihrem Blumenladen unter dem Vorwand auf, Blumen kaufen zu wollen. Entsprechend dem ihm von P im Einverständnis mit H gegebenen Rat stach R mit einem ihm zu diesem Zweck überlassenen Fahrtenmesser hinterrücks der ahnungs- und wehrlosen Frau A in den Hals, das Gesicht und den Körper, um sie zu töten. Zum Glück eilten dritte Personen der sich heftig wehrenden A rechtzeitig zu Hilfe, sodass R von der weiteren Tatausführung abließ, um – entsprechend seinem Auftrag – unerkannt fliehen zu können. Dabei rechnete er mit dem Tod seines Opfers, der jedoch ausblieb.[95] Eine *unglaubliche* Geschichte, nicht wahr? Was meinst du, Christian, wie haben die Beteiligten sich strafbar gemacht?"

Christian dachte eine Weile nach, bevor er antwortete. Der Fall war ja wirklich abstrus. Was es alles gab!

„Falls R *schuldunfähig* gewesen sein sollte, dann wären H und P als *mittelbare Täter*[96] des *versuchten Mordes* schuldig, weil sie R als *schuldloses Werkzeug* eingesetzt hätten, *oder*?

Das wäre dann ja so ähnlich wie bei der vorsätzlichen *actio libera in causa,* nur das in diesem Fall tatsächlich ein *anderer* handelt, der *schuldunfähig* ist."

„Sehr gut aufgepasst. Nun ist es aber so, dass R *nicht schuldunfähig* war, sondern sich in einem *vermeidbarem Verbotsirrtum* befand, der seine Strafbarkeit *nicht* ausschließt. Wir müssen uns also zuerst fragen, wie sich R *selbst* strafbar gemacht hat, bevor wir uns den anderen Beteiligten zuwenden. Die erste wichtige Feststellung, die wir machen, ist also, dass auch der *Versuch* eines Verbrechens, hier des heimtückischen Mordes, strafbar ist.[97] Voraussetzung hierfür ist gemäß § 22 StGB, dass der Täter *nach seiner Vorstellung von der Tat zur Verwirklichung des Tatbestandes unmittelbar angesetzt hat.*

„Na, das ist ja reichlich *unscharf*", unterbrach Christian den Anwalt, „das kann ja *alles und nichts* sein!"

„Genau, aber zum Glück hat die Rechtsprechung diese Unschärfe des Gesetzes über die Jahrzehnte hinweg durch Einzelrechtsprechung weitgehend ausbügeln können. Im Grundsatz kann man daher sagen: *Unmittelbares Ansetzen liegt bei Handlungen vor, die nach dem Tatplan der Verwirklichung eines Tatbestandsmerkmals unmittelbar vorgelagert sind und im Falle des ungestörten Fortgangs ohne weitere Zwischenakte in die*

---

[95] Vgl. zum Sachverhalt BGH, NJW 1989, 912.

[96] *Mittelbarer Täter* gem. § 25 Abs. 1 2. Alt. StGB ist, wer die Straftat *durch einen anderen* begeht, also die Tatbestandsmerkmale nicht oder nicht sämtlich durch unmittelbar eigenes Handeln verwirklicht, sondern sich dazu eines *„Werkzeugs"*, des sogenannten *Tatmittlers* bedient, der selbst weder Allein- noch Mittäter ist. Voraussetzung hierfür ist in der Regel ein *„Defizit"* des *Tatmittlers,* dem eine überlegene, die Handlung des Tatmittlers steuernde Stellung und ein für die Tatbestandsverwirklichung kausales eigenes Verhalten des Hintermanns entspricht, *Fischer,* StGB, § 25, Rn 4. Das *Defizit* kann etwa darin liegen, dass der Tatmittler *schuldunfähig* ist (§ 20 StGB), dass er sich in einem *Tatbestandsirrtum* (§ 16 Abs. 1 StGB) oder einem vom Hintermann verursachten *unvermeidbarem Verbotsirrtum* (§ 17 S. 1 StGB) befindet, vgl. *Fischer,* StGB, § 25, Rn 5, mit weiteren Nachweisen. *Sehr streitig* ist der Fall, dass sich der Tatmittler – wie im *Katzenkönig*-Fall – in einem *vermeidbaren Verbotsirrtum* (§ 17 S. 2 StGB) befindet, vgl. hierzu die im Haupttext folgende Fallbesprechung.

[97] § 23 Abs. 1 StGB: *„Der Versuch eines Verbrechens ist stets strafbar, der Versuch eines Vergehens nur dann, wenn das Gesetz es ausdrücklich bestimmt."* § 23 Abs. 2 StGB: *„Der Versuch kann milder bestraft werden als die vollendete Tat (§ 49 Abs. 1 StGB)"*

Tatbestandsverwirklichung unmittelbar einmünden sollen. In der Regel müssen Gefährdungshandlungen vorliegen, die nach der Vorstellung des Täters in ungestörtem Fortgang unmittelbar zur Tatbestandserfüllung führen oder mit ihr in unmittelbar räumlichen und zeitlichen Zusammenhang stehen. Nach der Rechtsprechung sind dies Handlungen, mit denen der Täter *subjektiv die Schwelle zum jetzt geht es los überschreitet und nach seiner Vorstellung das geschützte Rechtsgut in eine konkrete, nahe Gefahr bringt.*[98]

„Im *Katzenkönig*-Fall ist der Versuch nach diesen Kriterien gegeben, da der R den Tatplan hatte, die A zu töten und mit den bereits ausgeführten Messerstichen dieselbe auch schon verletzt hatte, bevor er von der Tat abliess,"[99] wandte Christian die vom Anwalt genannten abstrakten Kriterien sogleich auf den konkreten Fall an. „Aber warum ist der R *nicht schuldunfähig?* Er ist doch eindeutig, naja, *verrückt*, wenn er ernsthaft an einen *Katzenkönig* glaubt, der uns alle vernichten will, *oder?*"

„In diesem Fall gingen die Richter gemäß einem entsprechendem Gutachten davon aus, dass der Angeklagte R *nicht schwachsinnig* sei und auch *nicht an einer krankhaften seelischen Störung* leide. Allerdings handele es sich bei ihm um eine hoch abnorme Persönlichkeit, die neurotisch tiefgreifend gestört und deformiert sei, die zusammen mit der Überzeugungsarbeit von H und P dazu führten, dass R zum Zeitpunkt der Tat in *Wahngewissheiten* lebte. R leide somit unter einer *anderen schweren seelischen Abartigkeit*, welche die *Einsichtsfähigkeit* des Angeklagten allerdings *nicht* beeinträchtige, da er das Verboten-Sein der Tötung eines Menschen und alle sonstigen Tatumstände

---

[98] *Fischer*, StGB, § 22, Rn 10, mit Verweis auf BGH 26, 203, 28, 163; NStZ 89, 473; 93, 77 und weitere. Strafbar ist auch der sogenannte *untaugliche Versuch* (§ 23 Abs. 3 StGB), also etwa beim Irrtum in Bezug auf die Tauglichkeit des Tatobjekts, zum Beispiel beim Tötungsversuch an einer Leiche, vgl. *Fischer*, StGB, § 22, Rn 44, mit Verweis auf RG 1, 451.
§ 23 Abs. 3 StGB: „Hat der Täter *aus grobem Unverstand verkannt, daß der Versuch nach der Art des Gegenstandes, an dem, oder des Mittels, mit dem die Tat begangen werden sollte, überhaupt nicht zur Vollendung führen konnte,* so kann das Gericht *von Strafe absehen* oder die *Strafe* nach seinem Ermessen *mildern* (§ 49 Abs. 2 StGB)."
Abzugrenzen hiervon ist das *nicht strafbare sogenannte Wahndelikt*, bei dem der Täter über das Bestehen oder die Reichweite einer strafrechtlichen Norm irrt. Der Täter will eine Rechtsverletzung begehen, die es so, wie von ihm vorgestellt, gar nicht gibt, vgl. *Fischer*, StGB, § 22, Rn 44, mit Verweis auf RG 66, 126; BGH 1, 13, 15; 3, 253; 5, 117; 8, 263; 10, 13; 13, 235; 14, 345; 15, 210.

[99] Da der Mordversuch zudem *beendet* war, da der R nach Abschluss der letzten Ausführungshandlung glaubte, der Erfolg werde eintreten, ist er von dem Versuch auch nicht strafbefreiend *zurückgetreten*, weil er keinerlei Bemühungen um Erfolgsabwendung unternommen hat, § 24 Abs. 1 S. 2 StGB. Vgl. hierzu NJW 1989, 912, mit Verweis auf BGHSt 35, 90 (92).
§ 24 Abs. 1 StGB: „*Wegen Versuchs wird nicht bestraft, wer freiwillig die weitere Ausführung der Tat aufgibt oder deren Vollendung verhindert. Wird die Tat ohne Zutun des Zurücktretenden nicht vollendet, so wird er straflos, wenn er sich freiwillig und ernsthaft bemüht, die Vollendung zu verhindern.*"

gekannt habe. Auch seine *Steuerungsfähigkeit* sei *nicht* aufgehoben gewesen, da er sich jederzeit dem Tatauftrag hätte entziehen können. Insoweit sei er lediglich als *beschränkt schuldfähig*, aber eben nicht gänzlich schuldunfähig, anzusehen.[100] Die beschränkte Schuldfähigkeit führt allerdings nicht zu einer fehlenden Strafbarkeit, sondern nur zu einer *Möglichkeit der Strafmilderung.*"[101]

„Und wie sieht es mit eine *Rechtfertigung* aus? Kann sich der R denn nicht auf *Notwehr* berufen, weil er glaubte, die Menschheit mit seiner Tat zu retten?", warf Christian ein. Er wollte noch nicht so richtig glauben, dass man einen in seinen Augen unzurechnungsfähigen Menschen wie R bestrafen konnte und wollte.

„Auf *Notwehr für sich selbst* oder *Nothilfe für andere Personen* gemäß § 32 StGB kann sich R *nicht* berufen, da weder er noch andere einem *gegenwärtigen, rechtswidrigen Angriff* durch das Opfer ausgesetzt waren. *Rechtfertigender Notstand* nach § 34 StGB liegt schon deshalb *nicht* vor, weil es an einer *tatsächlichen gegenwärtigen Gefahr* fehlte. Allerdings *stellte* sich R – wie du richtig festgestellt hast – *eine solche Gefahr vor.* Ein Irrtum über die tatsächlichen Voraussetzungen des § 34 StGB kommt dem Angeklagten aber *nicht* zugute, weil das in im Notstandsparagraphen vorausgesetzte Überwiegen der Gewichtigkeit des zu schützenden Interesses vor dem zu opfernden eine *Abwägung Leben gegen Leben nicht gestattet.*[102] Du erinnerst dich, *oder?*", fragte der Anwalt rhetorisch.

„*Keine Abwägung Leben gegen Leben!* Ich weiß", erwiderte Christian nachdenklich. „Aber *irgendwie* muss man dem R doch helfen, denn er glaubte ja *wirklich*, andere Menschen mit seiner Tat zu beschützen."

„In der Tat. Der BGH ging davon aus, dass R genau diesen Interessenkonflikt zwischen Leben und Leben *rechtlich* in dem Sinne *falsch bewertet* habe, dass er glaubte, ein Leben könne viele andere aufwiegen und sei damit entbehrlich. So ist es aber – wie wir heute schon öfter festgestellt haben – eben *nicht*.[103] Diesen Fall regelt der sogenannte

---

[100] NJW 1989, 912 (913).

[101] § 21 StGB: „Ist die Fähigkeit des Täters, das Unrecht der Tat einzusehen oder nach dieser Einsicht zu handeln, aus einem der in § 20 bezeichneten Gründe *bei Begehung der Tat erheblich vermindert*, so kann die Strafe nach § 49 Abs. 1 *gemildert* werden."

[102] Vgl. NJW 1989, 912 (913), mit Verweis auf OGHSt 1, 321 (334); 2, 117 (121). Ein *entschuldigender Notstand* lag überdies ebenfalls nicht vor, weil der Täter nicht den Willen hatte, die vermeintliche Gefahr *von sich, einem Angehörigen oder einer anderen ihm nahestehenden Person* abzuwenden. Er selbst fürchtete seinen Tod nicht, weil ihm von H und P vorgegaukelt worden war, dass er schon mehrfach gelebt habe und seine Seele nicht wiederkehren werde. An Angehörige und nahestehende Personen dachte er dabei nicht, vgl. NJW 1989, 912 (913).

[103] Vgl. NJW 1989, 912 (913).

Verbotsirrtum, der in § 17 Satz 1 StGB geregelt ist: *,Fehlt dem Täter bei Begehung der Tat die Einsicht, Unrecht zu tun, so handelt er ohne Schuld, wenn er diesen Irrtum nicht vermeiden konnte.'* Bei unserem R liegt ein solcher Verbotsirrtum zweifelsfrei vor, allerdings war dieser *vermeidbar* und führte damit *nicht* zur Schuldlosigkeit seines Verhaltens, sondern nur zu einer möglichen *Strafmilderung.*[104] Vermeidbar war der Irrtum deshalb, weil dem R als Polizeibeamten unter Berücksichtigung seiner individuellen Fähigkeiten und auch seiner Wahnideen bei gebührender Gewissensanspannung und der ihm zumutbaren Befragung einer Vertrauensperson, zum Beispiel eines Geistlichen, die rechtliche Unzulässigkeit einer quantitativen Abschätzung menschlichen Lebens als des absoluten Höchstwertes erkennbar hätte sein müssen.[105]"

„Der Mann war *Polizeibeamter!*", stieß Christian ungläubig hervor. „Na dann glaube ich auch, dass der Irrtum *vermeidbar* war. Aber – im Ernst – die *wahren Bösewichte* in diesem Fall sind doch P und H, auch wenn sie nicht selbst, sondern *durch den nicht schuldfähigen* R gehandelt haben, *oder?* Ein *Werkzeug* war der arme Kerl doch trotzdem irgendwie, *oder?"*

„Genau das war die Frage aller Fragen in diesem Fall: Haben sich P und H als *mittelbare Täter* strafbar gemacht oder nur als *Teilnehmer*[106] der Straftat, hier also der *Anstiftung* zur Tat, weil sie den R *vorsätzlich zu dessen vorsätzlich begangener rechtswidriger Haupttat bestimmt haben?"*

„Aber ist das denn überhaupt relevant?", fragte Christian, der nebenbei das Strafgesetzbuch durchblätterte, das der Anwalt zusammen mit den Urteilen ebenfalls auf den Tisch gelegt hatte. „Nach § 26 StGB wird der *Anstifter doch gleich einem Täter bestraft,* in diesem Fall also zu *lebenslanger Freiheitsstrafe.* Da macht es doch *gar keinen Unterschied,* ob die beiden nun als Täter oder Anstifter bestraft werden."

---

[104] § 17 S. 2 StGB: „Konnte der Täter den *Irrtum vermeiden,* so kann die Strafe nach § 49 Abs. 1 *gemildert* werden."

[105] Vgl. NJW 1989, 912 (913).

[106] *Teilnehmer* kann sein, wer *vorsätzlich einen anderen zu dessen vorsätzlich begangener rechtswidriger Tat bestimmt* (Anstiftung gem. § 26 StGB) oder wer *vorsätzlich einem anderen zu dessen vorsätzlich begangener rechtswidriger Tat Hilfe geleistet hat* (Beihilfe gem. § 27 StGB). Der Anstifter wird „*gleich einem Täter bestraft"* (§ 26 StGB), die Strafe des Gehilfen richtet sich nach der *Strafandrohung für den Täter.* Sie ist allerdings gem. § 49 Abs. 1 StGB zu *mildern* (§ 27 Abs. 2 S. 1 und 2 StGB). Die Teilnahme setzt immer eine *vorsätzliche und rechtswidrige Haupttat voraus* (§ 11 Abs. 1 Nr. 5 StGB). Nicht von Belang ist, ob der Täter *schuldfähig* ist oder *Entschuldigungsgründe* vorliegen (sog. *limitierte Akzessorietät der Teilnahme),* vgl. hierzu *Fischer,* StGB, vor § 25 StGB, Rn 8.

Literaturverzeichnis

Degener, Wilhelm / Brand, Thomas / Pampuch, Christopher / Faridy, Soroush, Anfängerklausur - Strafrecht: Sprung in der Schüssel, JuS 2/2018, S. 141 ff.

Fischer, Thomas, Strafgesetzbuch und Nebengesetze, Kurzkommentar, 58. Auflage, Verlag C.H. Beck, München 2011.

Hufen, Christian, ZjS 5/2010, S. 603 ff. - Ermessen und unbestimmter Rechtsbegriff, http:// www.zjs-online.com/dat/artikel/2010_5_373.pdf (abgerufen am 9.5.2018)

Knappe, Lukas, BVerfG: Identitätskontrolle im Rahmen der Verfassungsbeschwerde, http://www.juraexamen.info/bverfg-identitaetskontrolle-im-rahmen-einer-verfassungsbeschwerde/ (abgerufen am 1.12.2018)

Kopp, Ferdinand O. / Ramsauer, Ulrich, Verwaltungsverfahrensgesetz, 11. Auflage, Verlag C.H. Beck, München 2010.

Kopp, Ferdinand O. / Schenke, Wolf-Rüdiger, Verwaltungsgerichtsordnung, 16. Auflage, Verlag C.H. Beck, München 2009.

Meyer-Goßner, Lutz, Strafprozessordnung, Gerichtsverfassungsgesetz, Nebengesetze und ergänzende Bestimmungen, Kurzkommentar, 53. Auflage, Verlag C.H. Beck, München 2010.

Rönnau, Thomas, JuS 2/2017, S. 113 ff. - Grundwissen - Strafrecht: Übergesetzlicher entschuldigender Notstand (analog § 35 StGB).

Seelmann, Kurt / Denko, Daniela, Grundrisse des Rechts, Rechtsphilosophie, 6. Auflage, Verlag C.H. Beck, München, 2014.

von Schirach, Ferdinand, Strafe, 1. Auflage, Luchterhand Literaturverlag, München 2018.

Wessels, Johannes / Beulke, Werner, Strafrecht, Allgemeiner Teil, 33. Auflage, C.F. Müller Verlag, Heidelberg 2003.

„Du hast völlig recht. Allerdings – und das kannst du natürlich nicht wissen – ist es so, dass im vorliegenden Fall eine Verurteilung wegen Anstiftung zum Mord *nicht* möglich gewesen wäre, da die *Heimtücke* ein sogenanntes *tatbezogenes Mordmerkmal* darstellt, dessen Kenntnis der H und dem P nicht nachweisbar war. Ihnen war es ja im Grunde auch *egal,* ob die Tötung heimtückisch erfolgt oder nicht. Hauptsache, A fände den Tod. Insoweit wären die beiden nur wegen *Anstiftung zum Totschlag* strafbar gewesen. Als *Täter* wären sie hingegen *wegen Mordes* zu belangen, da sie selbst das *täterbezogene Mordmerkmal des niedrigen Beweggrundes* erfüllt haben.[107] Die Abgrenzung zwischen mittelbarer Täterschaft und Anstiftung ist hier also durchaus von Relevanz."

„Aber ist die Abgrenzung nicht ziemlich *schwierig*? Normalerweise ist ja ziemlich klar, wann ich Täter bin und wann Anstifter: Wenn ich selbst nicht handle und das auch nicht möchte, sondern *nur* einen anderen dazu bestimme, bin ich Anstifter. Wenn ich hingegen selbst am Tatort bin und die tatbestandlichen Handlungen auch selbst ausführe, bin ich eben Täter. Aber wie kann jemand Täter sein, der einen anderen, der nicht schuldlos handelt und damit kein Werkzeug im eigentlichen Sinne ist, zu einer Tat bestimmt, aber *selbst* keine einzige tatbestandliche Handlung erfüllt? Dann könnte man ja Täter sein, nur weil man Täter sein *möchte*, oder?"

„Genau das ist die Gretchenfrage, Christian: *Wonach* bestimmt sich, wer Täter ist und wer Teilnehmer? Die Rechtsprechung und die herrschende Lehre streiten sich seit Langem über diese Frage. Das *Reichsgericht* unterschied noch allein danach, ob der Täter die Tat *als eigene wolle* oder eben nicht.[108] Die Unterscheidung zwischen Täterschaft und Teilnahme wurde also *rein subjektiv* getroffen. Nach dieser *subjektiven Theorie,* der sich der BGH auch zunächst anschloss, konnte also Täter auch jemand sein, der *kein Tatbestandsmerkmal selbst erfüllte* und es konnte umgekehrt jemand Teilnehmer sein, *der alle Tatbestandsmerkmale selbst erfüllt,* weil er sich dem Willen eines Nicht-Handelnden vollständig unterordnete, zum Beispiel wenn er aufgrund eines militärischen Befehls handelte.[109] Die Literatur präferiert hingegen die sogenannte *Tatherrschaftslehre* in allen möglichen Ausprägungen.[110] Die Tatherrschaft wird definiert als das *vom Vorsatz umfasste*

---

[107] Vgl. NJW 1989, 912 (913).

[108] Sogenannte *Animus*-Formel, vgl. *Fischer,* StGB, vor § 25, Rn 3, mit Verweis auf RG 37, 58.

[109] *Fischer,* StGB, vor § 25, Rn 3, mit Verweis auf RG 66, 240; 74, 84; BGH 2, 170; 4, 21, 42; 6, 120; 6, 228, 248; 11, 271; 18, 87.

[110] *Fischer,* StGB, § 25, Rn 2, mit Verweis auf *Roxin* TuT 60 ff. und LK-*Schünemann* 7 ff..

In-den-Händen-Halten des tatbestandsmäßigen Geschehensablaufs.[111] *Täter* ist danach, wer als Schlüsselfigur des Geschehens die planvoll-lenkende oder mutgestaltende *Tatherrschaft* besitzt, die Tatbestandsverwirklichung somit nach seinem Willen hemmen oder ablaufen lassen kann. *Teilnehmer* ist hingegen, wer *ohne eigene Tatherrschaft* nur als Randfigur des realen Geschehens die Begehung der Tat veranlasst oder sonst wie fördert.[112] Der BGH hat mit der Zeit einige Elemente der Tatherrschaftstlehre übernommen, ohne die Orientierung am Täterwillen vollständig aufzugeben, sodass in der Rechtsprechung heute eine *gemischte Theorie aus objektiven und subjektiven Kriterien* vorherrscht. Nach der neueren Rechtsprechung des BGH ist die Frage der Täterschaft auf Grund *aller von der Vorstellung der Beteiligten umfassten Umstände in wertender Betrachtung zu beurteilen.*[113] Wichtige Kriterien für die Bewertung können das *Maß des eigenen Interesses am Taterfolg, der Umfang der Tatbeteiligung und die Tatherrschaft sowie der Wille dazu sein.*[114] Im *Katzenkönig*-Fall hat der BGH zugegeben, dass die unterschiedliche Gewichtung in den Lösungsansätzen, die auf der einen Seite ausschließlich auf die Handlungsherrschaft des Abhängigen im Sinne einer Verantwortung für die eigene Tat und auf der anderen Seite auf den bestimmenden Einfluss des Hintermannes abstellen, zu einem *offenen Wertungsproblem* führe, welches auch nicht abschließend aufgelöst werden könne. Ein wertender Vergleich der Fälle des unvermeidbaren Verbotsirrtums mit denen des vermeidbaren Verbotsirrtums zeige jedenfalls, dass *allein* die Vermeidbarkeit des Irrtums kein taugliches Abgrenzungskriterium sei. Auch einem solchen Täter fehle zum Zeitpunkt der Tat die Unrechtseinsicht. Dass er Kenntnisse hätte haben können, die er im konkreten Fall nicht hatte, brauche an der Tatherrschaft des die Erlaubnis vorspiegelnden Hintermannes nichts zu ändern. Auf der anderen Seite werde dadurch auch nicht zwingend dem Vordermann die Eigenschaft als Werkzeug genommen. Es sei in Fällen des vermeidbaren Verbotsirrtum also auf die vom Täterwillen getragene Tatherrschaft abzustellen. Ob sie vorliege, richte sich aber nicht nach starren Regeln, sondern könne nur je nach konkreter Fallgestaltung im Einzelfall ermittelt werden, also wie bei der Abgrenzung zwischen unmittelbarer Täterschaft und Teilnahme. Mittelbarer Täter sei aber auf jeden Fall, wer mit

---

[111] *Wessels/Beulke*, Strafrecht, Allgemeiner Teil, Rn 512, mit Verweis auf *Maurach,* Strafrecht AT, 4. Auflage 1971, § 49 II C 2.

[112] *Wessels/Beulke*, Strafrecht, Allgemeiner Teil, Rn 513.

[113] *Fischer*, StGB, vor § 25, Rn 4, mit Verweis auf BGH 28, 346, 349; 39, 381, 386; 48, 52, 56.

[114] *Fischer*, StGB, vor § 25, Rn 4, mit Verweis auf BGH 37, 291.

Hilfe des von ihm bewusst hervorgerufenen Irrtums das Geschehen gewollt auslöst und steuert, so dass der Irrende bei wertender Betrachtung als ein – wenn auch gerade noch schuldhaft handelndes – Werkzeug anzusehen ist.[115]"

„Dann waren H und P tatsächlich *mittelbare Täter* und nicht nur Anstifter, *oder?*"

„Der BGH geht davon aus, dass H und P bei R die Wahnideen hervorgerufen und diese bewusst dazu ausgenutzt hätten, um seine rechtlichen Bedenken und seine Gewissensbisse auszuschalten sowie ihn dazu zu veranlassen, die von ihnen beabsichtigte Tat gemäß ihren Planungen und Vorstellungen auszuführen. Darüber hinaus hätten sie wesentliche Teile der Tatausführung bestimmt. So habe P dem R die Tatwaffe gegeben und auf dessen Frage, wie er die Tat ausführen solle, erklärt, er solle so von hinten zustechen, wie es *Japaner und Ledernacken im Zweiten Weltkrieg* getan hätten, da das Opfer dann gleich tot wäre. An diese Anweisungen habe sich R gehalten. Zudem habe sich R bei der Tat nicht nur über das Verboten-Seins seines Tuns geirrt, er sei darüber hinaus in seiner Steuerungsfähigkeit erheblich eingeengt gewesen. Er habe sich in einem engen Beziehungs- und Einwirkungsgeflecht befunden, das H und P zum Zwecke seiner Steuerung ausgenutzt und so eingesetzt hätten, dass er sich ihrem bestimmenden Einfluss nur schwer habe entziehen können. Damit hätten H und P ihn zur Tat bestimmt und die Tatausführung kraft ihrer Einwirkung und ihres überlegenen Wissens beherrscht. Sie hätten deshalb die *Tatherrschaft* gehabt[116], weil sie *entsprechend ihrem Plan* wissentlich und willentlich die objektive Tatbestandsverwirklichung R allein überlassen hätten und dieser seine Tathandlung auch keinem von beiden zurechnen lassen wollte.[117]"

„Das klingt am Ende dann doch sehr einleuchtend", erklärte Christian nach kurzem Nachsinnen. Er hätte als Richter wertungsmäßig genauso entschieden. Nur der dogmatische Weg dorthin war ihm bis gerade eben verschlossen gewesen.

„Dann wird es jetzt Zeit für einen Kaffee", bestimmte Olaf. „Den haben wir uns auch redlich verdient. Er stand auf und machte sich geschwind in Richtung Kaffeebar auf.

---

[115] Vgl. NJW 1989, 912 (913, 914).

[116] Nach dem BGH hatten beide Tatherrschaft, aber *ohne Mittäter* zu sein. Die *Mittäterschaft* ist in § 25 Abs. 2 geregelt: „Begehen *mehrere die Straftat gemeinschaftlich, so wird jeder als Täter bestraft (Mittäter)."* Mittäter ist, wer *gemeinschaftlich mit einem oder mehreren anderen dieselbe Straftat als Täter begeht. Sein Tatbeitrag muss einen Teil der Tätigkeit aller und dementsprechend das Handeln der anderen eine Ergänzung seines Tatbeitrages darstellen.* § 25 Abs. 2 StGB ist eine *Zurechnungsnorm: Im Rahmen des gemeinsamen Tatplans werden daher jedem Mittäter die Ausführungshandlungen seiner Mittäter zugerechnet,* vgl. *Fischer,* StGB, § 25, Rn 11. Nach diesen Kriterien waren P und H *untereinander* durchaus als Mittäter anzusehen, vgl. NJW 1989, 912 (913).

[117] Vgl. NJW 1989, 912 (914).

Drei

Wichtige Verfahrensgrundsätze des Straf- und Strafprozessrechts

Gestärkt von koffeinüberladenem Kaffee, der ihnen wie pures Adrenalin durch die Adern schoss, war Christian nun um so mehr begierig auf das, was ihm der Anwalt noch über das Strafrecht erzählen wollte. Er empfand dieses Rechtsgebiet naturgemäß als ungemein spannend. Ein Mord war eben doch etwas anderes als ein profaner Kaufvertrag, auch wenn dessen juristisches Verständnis sicher nicht weniger wichtig war.

„Nun wollen wir uns ein wenig dem Strafprozess zuwenden. Es gibt einige wichtige Verfahrensgrundsätze, von denen du einmal gehört haben solltest, da sie zum großen Teil wiederum Ausfluss der *Grundrechte* sind und damit für das Grundverständnis vom Recht insgesamt sehr wichtig", begann der Anwalt Kaffee schlürfend.

„Der wichtigste Grundsatz ist doch, dass *niemand bestraft werden darf, wenn ein Strafgesetz noch nicht bestand, bevor die Tat begangen wurde*", unterbrach Christian Olaf sogleich. „Hieß das auf lateinisch nicht *nulla poena sine lege?*", daran glaubte sich Christian aus dem Rechtskundeunterricht zu erinnern.

„Ganz genau. In § 1 des Strafgesetzbuches und gleichlautend in Artikel 103 Absatz 2 des Grundgesetzes heißt es, dass *eine Tat nur bestraft werden kann, wenn die Strafbarkeit gesetzlich bestimmt war, bevor die Tat begangen wurde*. Dies wird auch als *Bestimmtheitsgrundsatz* bezeichnet, womit mehrere Dinge zugleich gemeint sind: Zum einen verlangt § 1 eine gesetzliche Fixierung der Normen, welche dem Bürger eine Orientierung seines Handelns erlaubt und seine Freiheit gegen unvorhersehbare Eingriffe des Staates sichert. Dem Bürger muss seine Freiheit bis an die Grenze des strafbaren Bereichs ausüben können.[118] Die Voraussetzungen der Strafbarkeit müssen so genau umschrieben sein, dass der Einzelne die Möglichkeit hat, sein Verhalten auf die Rechtslage anzupassen. Eine Strafnorm muss daher um so präziser sein, je schwerer die angedrohte Strafe ist.[119] Durch das Erfordernis der gesetzlichen Fixierung des Straftatbestandes ist zugleich ausgeschlossen, dass eine Strafbarkeit *zu Lasten* des Täters durch sogenanntes *Gewohnheitsrecht* geschaffen wird, also allein durch dauernde,

---

[118] *Fischer*, StGB, § 1, Rn 3, mit Verweis auf BVerfGE 14, 174; 245; 25, 269; 32, 346; 47, 120; 55, 152; 71, 108, 114; 73, 206, 234; 75, 329, 340 f.; 78, 374, 381 f.; 87, 224; 105, 135, 153.

[119] *Fischer*, StGB, § 1, Rn 5.

gleichmäßige und allgemeine, von den Beteiligten als verbindlich anerkannte Übung.[120] *Zu Gunsten des Täters ist die Anwendung von Gewohnheitsrecht aber – wie wir bei den gewohnheitsrechtlich oder durch Richterrecht geschaffenen Rechtfertigungs- und Schuldausschließungsgründen gesehen haben – durchaus möglich.*[121] Zum anderen beinhaltet der Bestimmtheitsgrundsatz das überaus wichtige *Analogieverbot*, dass heißt – anders als etwa im Zivilrecht – markiert der *Wortsinn des Gesetzes die äußerste Grenze zulässiger richterlicher Auslegung.* Die Anwendung eines Rechtssatzes auf einen von ihm aufgrund einer planwidrigen Regelungslücke *ähnlichen*, aber unmittelbar eben *nicht* erfassten Sachverhalt sowie das Entwickeln neuer Rechtssätze aus *ähnlichen*, schon bestehenden Rechtssätzen, ist *zuungunsten* des Täters *ausgeschlossen.*[122] Das heißt nun nicht, dass die Richter das Gesetz nicht *verfassungskonform* auslegen dürfen, vielmehr haben sie sich dazu im Respekt vor der gesetzgebenden Gewalt zu bemühen. Der Wille des Gesetzgebers muss aber *im Gesetz selbst* einen hinreichend bestimmten Ausdruck gefunden haben.[123] Zuletzt beinhaltet der Bestimmtheitsgrundsatz das *Verbot der Rückwirkung*, dass heißt, es ist verboten, auf eine Tat *nach dem Zeitpunkt ihrer Begehung entstandenes Recht* anzuwenden, wenn das eine Verschlechterung der Rechtslage bedeuten würde, in der sich der Täter zur Tatzeit befand.[124]"

„Okay, das leuchtet mir ein", erwiderte Christian, „denn würde man diese Gebote *nicht* befolgen, wäre der *Willkür* ja Tür und Tor geöffnet. Gehört das *Verbot der Doppelbestrafung* nicht auch hierher? Ich habe einmal einen Hollywood-Film mit *Ashley Judd* gesehen – ich glaube, er hieß *Doppelmord* – da konnte eine Ehefrau ihren Ehemann unbestraft töten, weil sie *zuvor* bereits zu Unrecht – ihr Mann lebte zum Zeitpunkt des Urteils ja noch – für dieses Verbrechen bestraft worden war. *Ist das wirklich so?*"

„Also, so wie in diesem Film ist es natürlich nicht. Die Ehefrau würde ja, wenn sie ihren Ehemann vermeintlich zum zweiten Mal umbrächte, immer noch *einen anderen Menschen* töten, also einen *neuen* Willensentschluss fassen und eine *neue* Tat begehen. Aber nehmen wir einmal an, ein Drogenlieferant fährt betrunken eine große Ladung illegaler Drogen auf der Rückbank spazieren, wird damit erwischt und wird für die

---

[120] *Fischer*, StGB, § 1, Rn 9, mit Vereis auf BVerfGE 71, 115; 73, 235.

[121] *Fischer*, StGB, § 1, Rn 9, mit Verweis auf BGH 11, 245.

[122] *Fischer*, StGB, § 1, Rn 10, mit Verweis auf BVerfGE 14, 185; 25, 285; 26, 42; 71, 108, 115; 73, 235 und BGH 7, 193; 8, 70.

[123] *Fischer*, StGB, § 1, Rn 11.

[124] *Fischer*, StGB, § 1, Rn 14.

Trunkenheitsfahrt[125] verurteilt, ohne dass das *Drogendelikt*[126] mit angeklagt und abgeurteilt wird. Das Urteil wird *rechtskräftig.* In einem *späteren Verfahren* kann er dann *nicht mehr wegen des Drogendeliktes verurteilt werden, weil er wegen der Tat, dem betrunkenen Fahren mit den Drogen auf der Rückbank, einem Lebenssachverhalt, der nur einheitlich beurteilt werden kann, bereits verurteilt worden ist.*[127] Er kann sich folglich auf den Grundsatz *ne bis in idem* berufen, also auf den *Grundsatz, niemals wegen der gleiche Tat zweimal bestraft zu werden.*[128] Die Staatsanwaltschaft dürfte ihn also nicht erneut anklagen. Tut sie dies dennoch, so wäre das Verfahren *wegen eines Verfahrenshindernisses einzustellen.*[129]"

„Okay. Das klingt logisch und gerecht, denn die Justiz hatte dann ja bereits einmal die Chance, den Angeklagten für das Drogendelikt zu belangen. Wenn sie diese nicht nutzt, dann hat der Täter eben Glück gehabt", meinte Christian überzeugt. „Dann kenn ich natürlich noch den Rechtsgrundsatz *in dubio pro reo*, zu deutsch: *im Zweifel für den Angeklagten*", fuhr er fort. Letztlich bedeutet dieser Grundsatz doch, dass das Gericht dem Angeklagten die Tat *zweifelsfrei*, notfalls in einem Indizienprozess, nachweisen muss. *Ein bloßer Verdacht, selbst wenn er noch so schwer ist, reicht nicht aus.*"

„Gut erklärt", lobte Olaf. Eine Verurteilung ist nur *aufgrund eines zur vollen Überzeugung des Tatrichters festgestellten Sachverhalts* zulässig. Aus nur möglichen, aber *im Zweifel gebliebenen Umständen* darf *nichts* zu Lasten des Angeklagten hergeleitet werden.[130] Der Zweifelssatz ist aber nicht – wie viel Leute glauben – schon verletzt, wenn der Richter *hätte zweifeln müssen*, sondern erst wenn er verurteilt, *obwohl er zweifelt.*[131] Denn über das Ergebnis der Beweisaufnahme entscheidet das Gericht nach seiner *freien, aus dem*

---

[125] § 316 StGB.

[126] §§ 29 ff. BtMG (*Betäubungsmittelgesetz*).

[127] Angelehnt an ein Beispiel von *von Schirach, Ferdinand*, Strafe, S. 83 ff. („Der kleine Mann"). Man nennt dies die sog. *prozessuale Tat.* Gem. § 264 StPO (*Strafprozessordnung*) ist Gegenstand der Urteilsfindung die in der Anklage bezeichnete Tat, wie sie sich nach dem Ergebnis der Verhandlung darstellt. Dieser Tatbegriff entscheidet darüber, ob *Strafklagenverbrauch* eintritt.

[128] Art. 103 Abs. 3 GG: „*Niemand darf wegen derselben Tat auf Grund der allgemeinen Strafgesetze mehrmals bestraft werden.*"

[129] § 206a StPO: „Stellt sich nach Eröffnung des Hauptverfahrens ein *Verfahrenshindernis* heraus, so kann das Gericht außerhalb der Hauptverhandlung das Verfahren durch Beschluß *einstellen.*"

[130] *Fischer*, StGB, § 1, Rn 20, mit Verweis auf NStZ 87, 474.

[131] *Fischer*, StGB, § 1, Rn 20, mit Verweis auf BVerfG NJW 88, 477.

Inbegriff der Verhandlung geschöpften Überzeugung.[132] Es kann also durchaus vorkommen, dass ein Angeklagter *nur aufgrund von Indizien* verurteilt wird, weil der Richter im *konkreten* Fall ohne das Vorliegen unmittelbarer Beweise, *sondern nur aufgrund der Indizien, überzeugt* ist, dass der Angeklagte die Tat begangen hat."

„Aber was wäre denn dann ein Beispiel für die Anwendung des Zweifelssatzes? Angeblich spielt er doch so eine große Rolle im Strafrecht."

„Das tut er auch. Nehmen wir an, C nimmt Gift und stirbt. Sowohl A als auch B haben – unabhängig voneinander – dem C einen Giftcocktail gemixt, es kann aber nicht mehr geklärt werden, ob C das Gift des A oder des B genommen hat. In diesem Fall können sowohl A als auch B nur wegen *versuchter* Tötung bestraft werden, obwohl *feststeht*, dass einer von ihnen eine *vollendete* Tötung begangen hat."[133]

„*Aber das kann doch nicht sein!*", regte sich Christian auf. „Der Richter *weiß* also, dass einer der beiden Angeklagten für den Tod eines Menschen verantwortlich ist, muss aber *zugunsten des jeweils anderen* davon ausgehen, dass der jeweils andere Angeklagte die Tat vollendet hat. Kann man in so einem Fall nicht davon ausgehen, dass *das Schweigen des Angeklagten für seine Schuld spricht.* Schließlich könnte er ja zumindest dazu beitragen, den Sachverhalt aufzuklären."

„Da sprichst du einen weiteren wichtigen Verfahrensgrundsatz an: Den Grundsatz *Nemo tenetur se ipsum accusare.* Zu deutsch: *Niemand ist verpflichtet, sich selbst anzuklagen oder gegen sich selbst Zeugnis abzulegen.* Ein Beschuldigter ist danach grundsätzlich nicht verpflichtet, aktiv zur Sachaufklärung beizutragen.[134] Aus dem *Nemo tenetur*-Grundsatz folgt auch die Freiheit des Beschuldigten, *selbst* darüber zu entscheiden, ob er an der Aufklärung des Sachverhalts in anderer Weise als durch Äußerungen zum Untersuchungsgegenstand aktiv mitwirken will oder nicht. Er darf daher auch nicht zu Tests, Tatortrekonstruktionen, Schriftproben oder zur Schaffung ähnlicher für die Erstattung eines Gutachtens notwendiger Anknüpfungstatsachen gezwungen werden.[135] In der Strafprozessordnung ist deshalb geregelt, dass der Beschuldigte *bei Beginn der ersten Vernehmung darauf hinzuweisen ist, dass es ihm nach dem Gesetz freistehe, sich zu der Beschuldigung zu äußern oder nicht zur Sache auszusagen und jederzeit, auch*

---

[132] Vgl. § 261 StPO.

[133] *Meyer-Goßner*, StPO, § 261, Rn 32, mit Verweis auf BGH, GA 92, 470.

[134] *Meyer-Goßner*, StPO, Einleitung, Rn 29a, mit Verweis auf BGH NStZ 09, 705.

[135] *Meyer-Goßner*, StPO, Einleitung, Rn 29a, mit Verweis auf BGH NJW 96, 2940, 2942 und BGH 34, 39, 46.

schon vor seiner Vernehmung, einen von ihm zu wählenden Verteidiger zu befragen.[136]
Kannst du dir vorstellen, warum dieser Grundsatz für den *Rechtsstaat* und ein *faires Verfahren* unabdingbar ist?"

Christian ärgerte sich bereits über seine unbedachte Aussage und wollte seinen Fauxpas sogleich wieder gut machen. „Nun, wenn der Beschuldigte sich *weigern* würde, bei der Aufklärung des Sachverhaltes mitzuwirken, dann könnte man ihn ja *nur mit Gewalt dazu zwingen, oder?* Und *Folter* ist ja, wie wir gesehen haben, zu Recht *verboten*. Außerdem muss der Staat *selbst* einem Täter die Tat nachweisen, *oder? Man darf ja nicht bei seiner eigenen Bestrafung mitwirken müssen!*"

„Genau. Anders als im Zivilrecht gilt im Strafrecht der sogenannte *Amtsaufklärungsgrundsatz*, das heißt, das *Gericht* – und *nicht* der Beschuldigte oder Angeklagte[137] – hat zur Erforschung der Wahrheit die Beweisaufnahme von Amts wegen auf alle Tatsachen und Beweismittel zu erstrecken, die für die Entscheidung von Bedeutung sind.[138] Und aus dem sehr wichtigen § 136a der Strafprozessordnung ergibt sich, *dass die Freiheit der Willensentschließung und der Willensbetätigung des*

---

[136] Vgl. § 136 Abs. 1 S. 2 StPO. Für den Zeugen gilt § 55 StPO:
„(1) Jeder *Zeuge* kann die Auskunft auf solche Fragen *verweigern, deren Beantwortung ihm selbst oder einem* der in § 52 Abs. 1 bezeichneten *Angehörigen die Gefahr zuziehen würde, wegen einer Straftat oder einer Ordnungswidrigkeit verfolgt zu werden.*
(2) Der Zeuge ist über sein Recht zur Verweigerung der Auskunft zu *belehren.*"
§ 52 Abs.1 StPO: Zur *Verweigerung des Zeugnisses* sind *berechtigt*
1.
der *Verlobte* des Beschuldigten oder die Person, mit der der Beschuldigte ein Versprechen eingegangen ist, eine Lebenspartnerschaft zu begründen;
2.
der *Ehegatte* des Beschuldigten, auch wenn die Ehe nicht mehr besteht;
2a.
der *Lebenspartner* des Beschuldigten, auch wenn die Lebenspartnerschaft nicht mehr besteht;
3.
wer mit dem Beschuldigten i*n gerader Linie verwandt oder verschwägert, in der Seitenlinie bis zum dritten Grad verwandt oder bis zum zweiten Grad verschwägert* ist oder war.

[137] Zur Terminologie: *Beschuldigter ist der Tatverdächtige, gegen den das Verfahren als Beschuldigter von Staatsanwaltschaft und Polizei betrieben wird.* Die Beschuldigteneigenschaft kann dabei im Willensakt der zuständigen Strafverfolgungsbehörde begründen, der in der Regel in der förmlichen Einleitung des Ermittlungsverfahrens besteht, aber auch vorliegt, wenn die Staatsanwaltschaft nach § 162 StPO um Vernehmung einer Person als Beschuldigte ersucht, oder wenn die Staatsanwaltschaft Maßnahmen gegen eine Person ergreift, die erkennbar darauf abzielen, gegen sie wegen einer Straftat strafrechtlich vorzugehen, *Meyer-Goßner*, StPO, Einleitung, Rn 76, mit Verweis auf BGH 10, 8, 12; 34, 138, 140; 51, 150.
Gem. § 57 StPO ist
Angeschuldigter der Beschuldigte, gegen den die öffentliche Klage erhoben ist,
Angeklagter der Beschuldigte oder Angeschuldigte, gegen den die Eröffnung des Hauptverfahrens beschlossen ist.

[138] Vgl. § 244 Abs. 2 StPO.

Beschuldigten nicht durch Misshandlung, durch Ermüdung, durch körperlichen Eingriff, durch Verabreichung von Mitteln, durch Quälerei, durch Täuschung oder durch Hypnose beeinträchtigt werden darf. Die Drohung mit einer nach dieser Vorschrift unzulässigen Maßnahme und das Versprechen eines gesetzlich nicht vorgesehenen Vorteils sind ebenfalls verboten. Maßnahmen, die das Erinnerungsvermögen oder die Einsichtsfähigkeit des Beschuldigten beeinträchtigen, sind auch nicht gestattet. Diese Verbote gelten dabei ohne Rücksicht auf die Einwilligung des Beschuldigten. Aussagen, die unter Verletzung dieses Verbots zustande gekommen sind, dürfen auch dann nicht verwertet werden, wenn der Beschuldigte der Verwertung zustimmt. Du siehst, der Schutz vor verbotenen Vernehmungsmethoden ist sehr umfassend und eindeutig geregelt. Dennoch gibt es manchmal *Grenzfälle*. An dieser Stelle möchte ich noch einmal auf den Fall *Magnus Gäfgen* zurückkommen. Dieser beantragte in seinem Strafverfahren vor dem Landgericht Frankfurt am Main, festzustellen, dass infolge des *Fortwirkens* der gegen ihn gerichteten Gewaltandrohung alle Aussagen, die er bis zum Beginn der Verhandlung vor den Ermittlungsbehörden gemacht habe, im Strafverfahren nicht verwertet werden könnten. Außerdem beantragte er festzustellen, dass aufgrund des Verstoßes gegen § 136a der Strafprozessordnung ein *Verwertungsverbot* für sämtliche Beweise, wie zum Beispiel die Leiche des Kindes, die in dem Ermittlungsverfahren aufgrund der ihm abgepressten Aussagen bekannt geworden seien, bestehe.[139] Als Argument brachte er vor, dass auch das Auffinden der Leiche nur auf der erzwungenen Aussage beruhe, sie sei *fruit of the poisonous tree* – zu deutsch: *Frucht des verbotenen Baumes* – und fiele daher unter die *Fernwirkung des Beweisverwertungsverbotes* aufgrund der angedrohten Folter. *Es hätte daher gar kein Strafverfahren geben dürfen.* Soweit ist das Landgericht Frankfurt am Main aber zum Glück nicht gegangen. Zwar entschied es völlig zu Recht, *dass sämtliche Geständnisse und Aussagen des Angeklagten nicht im Strafverfahren verwertet werden dürfen.*[140] *Bereits die Androhung, dem Angeklagten Schmerzen zuzufügen, sei nämlich nach § 136a StPO rechtswidrig.*[141] *Dieser Verfahrensverstoß sei aber kein Hindernis für das Strafverfahren an sich.* Darüber hinaus lehnte das Landgericht den Antrag von Gäfgen ab, dass aufgrund des Verstoßes gegen § 136a StPO ein Verwertungsverbot *für sämtliche Beweise*, insbesondere das Auffinden der Leiche, bestehe. Es führte aus, die Schwere des

---

[139] EGMR (*Europäischer Gerichtshof für Menschenrechte*), Entscheidung vom 10.4.2007 - 22978/05, BeckRS 2007, 10357, 2. a. i.

[140] Gem. § 136a Abs. 3 S. 2 StPO.

[141] Und nach Art. 1 und 104 Abs. 1 S. 2 GG und Art. 3 EMRK (*Konvention zum Schutz der Menschenrechte und Grundfreiheiten*).

Eingriffes in die Menschenrechte, hier also die Androhung körperlicher Gewalt, müsse gegen die Schwere der begangenen Tat, die vollendete Tötung eines Menschen, *abgewogen* werden. Es sei daher *verhältnismäßig*, die aufgrund des dem Angeklagten abgepressten Geständnisses gewonnenen Beweise, insbesondere die Leiche des Kindes und die Obduktionsergebnisse, in dem Strafverfahren zu verwerten.[142] In der Folge wurde *Gäfgen* vom Landgericht Frankfurt am Main unter anderem des *Mordes in Tateinheit mit erpresserischem Menschenraub mit Todesfolge*[143] schuldig gesprochen. Er wurde zu einer *lebenslangen Freiheitsstrafe* verurteilt und die *besondere Schwere der Schuld* wurde festgestellt,[144] die einer Strafrestaussetzung zur Bewährung nach der Mindestdauer von 15 Jahren entgegensteht."[145] Auch die *Revision* vor dem Bundesgerichtshof[146], die *Verfassungsbeschwerde* von Magnus Gäfgen[147] sowie das Verfahren vor dem *Europäischen Gerichtshof für Menschenrechte*[148] blieben ohne Erfolg. Allerdings sprach das Landgericht *Gäfgen* eine *Entschädigung von 3000 Euro* zu.[149] *Beamte des beklagten Landes, also Deutschland, hätten die Menschenwürde des Klägers in schwerwiegender Weise schuldhaft verletzt.*[150] Hierüber gab es in Deutschland einen Ausruf der Empörung aus der Bevölkerung."

„Völlig zu Recht, aus meiner Sicht!", entgegnete Christian trocken. *„Wie kann es sein, dass ein Mörder auch noch eine Entschädigung bekommt?"*

„Da bin ich *menschlich gesehen* ganz bei dir", sagte der Anwalt. „Aber im Ergebnis ist das *juristisch gesehen* nur konsequent, *oder etwa nicht?* Der Staat in Gestalt eines Polizeibeamten hat nunmal Folter angedroht, und das hätte er *niemals* tun dürfen. Und *Magnus Gäfgen* war nun mal der *Geschädigte*, unabhängig davon, dass er ein

---

[142] EGMR, Entscheidung vom 10.4.2007 - 22978/05, BeckRS 2007, 10357, 2. a. i.

[143] § 239a Abs. 1 und 3 StGB.

[144] LG Frankfurt am Main, Urteil vom 28.7.2003, Az. 5/22 Ks 2/03 3490 Js 230118/02.

[145] Vgl. § 57a StPO.

[146] BGH 2 StR 35/04 - Beschluss vom 21.5.2004 (LG Frankfurt/Main).

[147] BVerfG, Beschluss der 3. Kammer des Zweiten Senats vom 14.12.2004, Az. - 2 BvR 1249/04 -, Rn 1-14.

[148] EGMR, Nr. 22978/05 (5. Kammer) - Urteil vom 30.6.2008 (*Gäfgen vs. Deutschland*).

[149] LG Frankfurt am Main, Urteil vom 4.8.2011, Az. 2-04 O 521/05. Der *Amtshaftungsanspruch* gegen das Land Hessen beruht auf § 839 BGB (*Bürgerliches Gesetzbuch*) in Verbindung mit Art. 34 GG.

[150] LG Frankfurt am Main, Urteil vom 4.8.2011, Az. 2-04 O 521/05, Rn 52.

zwischenzeitlich rechtskräftig verurteilter *Mörder* ist, *nicht wahr?* Ich weiß, das ist aus der Sicht eines juristischen Laien nicht leicht zu akzeptieren."

Christian nickte nur widerwillig, sah aber die *zwingende* Logik der Ausführungen des Anwaltes ein.

Nach einer kurzen Pause des Nachsinnens holte der Anwalt ein weiteres Urteil aus seiner Aktentasche und legte es auf den Stapel vor Christian. „Das Bundesverfassungsgericht hatte auch einen Fall zu entscheiden, in dem es um sexuellen Missbrauch eines Kindes[151] ging. Ich hatte zunächst nicht vor, mit dir darüber zu sprechen, aber du hast mich davon überzeugt, dass du alt und reif genug bist, dich auch mit unappetitlichen Urteilen zu befassen. Die gehören eben auch zum Alltag eines Strafrechtlers", stellte Olaf fest. „Das zuständige Landgericht hatte keinerlei Beweismittel außer der Verwertung von *Tagebuchaufzeichnungen* des Angeklagten, in denen er die Umstände der konkreten Tat unmittelbar nach deren Begehung niedergeschrieben hatte.[152] Natürlich rechnete der Angeklagte niemals damit, dass man die privaten Aufzeichnungen beschlagnahmen und im Gerichtsaal verlesen würde. Um als juristischer Laie den Fall richtig einordnen zu können, muss man dazu wissen, dass die Inhalte eines Tagebuchs unter das sogenannnte *allgemeine Persönlichkeitsrecht* fallen, welches aus der *Menschenwürde* und der *allgemeinen Handlungsfreiheit* abgeleitet[153] wird, und damit *unter dem besonderen Schutz des Grundgesetzes* stehen. Logisch, denn *keiner* würde wollen, dass sein Tagebuch von irgendjemanden oder gar der Polizei gelesen wird, nur weil man vielleicht im Verdacht steht, zu schnell gefahren zu sein. Aber natürlich gilt dieser Schutz *nicht grenzenlos*[154] und im vorliegenden Fall steht schließlich kein einfacher Verkehrsverstoß, sondern der *sexuelle Missbrauch eines Kindes* im Raum. Also, was glaubst du, welche Argumente hat das Bundesverfassungsgericht *für und gegen* die Verwertung der Tagebuchaufzeichnungen vorgebracht und zu welchem Ergebnis ist es am Ende gekommen?"

---

[151] Vgl. § 176 StGB.

[152] BVerfG, Beschluss der 2. Kammer des Zweiten Senats vom 26.6.2008, Az. - 2 BvR 219/08 -, Rn 1-30, http://www.bverfg.de/e/rk20080626_2bvr021908.html (zuletzt abgerufen am 19.11.2018)

[153] Art. 2 Abs. 1 in Verbindung mit Art. 1 Abs. 1 GG.

[154] Das allgemeine Persönlichkeitsrecht steht unter dem *Schrankenvorbehalt* des Art. 2 Abs. 1, 2. Hs. GG. Nach der sogenannten *Schrankentrias* wird das allgemeine Persönlichkeitsrecht nur soweit gewährt, als das Verhalten des Betroffen *nicht die Rechte anderer verletzt und weder gegen die verfassungsmäßige Ordnung noch gegen das Sittengesetz verstößt.*

„Nun, ich glaube, im Ergebnis durften die Tagebuchaufzeichnungen *verwertet* werden, weil es sich beim Schutz des Kindes um ein *überragendes Rechtsgut* handelt, welches in der Abwägung mit dem Persönlichkeitsrecht des Angeklagten überwiegt", legte Christian dar. „Argumente *für* die Verwertung dürften sein, dass andere Beweismittel nicht zur Verfügung standen und der Täter ansonsten nicht hätte verurteilt werden können. Argument *dagegen* ist natürlich, dass Tagebucheinträge nicht für die Öffentlichkeit bestimmt sind und eigentlich dem *höchstpersönlichen* Bereich eines Menschen zuzuordnen sind."

„Im Ergebnis richtig. Und auch die wichtigsten Argumente hast du genannt. Das Bundesverfassungsgericht hat in seinem Urteil mit zahlreichen Argumenten, die zu lesen ich dir ans Herz lege, festgestellt, dass der verurteilte Beschwerdeführer durch die Verwertung der Tagebuchaufzeichnungen *nicht in seinem allgemeinen Persönlichkeitsrecht verletzt* ist. Bei den vom Landgericht der Urteilsfindung zugrunde gelegten Aufzeichnungen handele es sich nämlich *nicht* um solche, *die dem unantastbaren Kernbereich privater Lebensgestaltung zuzuordnen und damit dem staatlichen Zugriff von vornherein entzogen seien. Im Rahmen einer Abwägung überwögen die Belange einer effektiven Strafverfolgung vor dem Interesse des Beschwerdeführers an der Geheimhaltung persönlicher Niederschriften.*[155]"

„Aber was wäre denn dann ein Inhalt eines Tagebuches, der *unter keinen Umständen* verwertet werden dürfte, *egal* was der Angeklagte verbrochen hat?", fragte Christian.

„Welche Informationen dem *unantastbaren Kernbereich der privaten Lebensgestaltung* zuzuordnen sind, ist natürlich eine *offene Wertungsfrage*. Das Bundesverfassungsgericht hat hierzu ausgeführt, *dass jedenfalls ein letzter unantastbarer Bereich privater Lebensgestaltung anzuerkennen sei, der der öffentlichen Gewalt schlechthin entzogen sei.*[156] *Selbst schwerwiegende Interessen der Allgemeinheit könnten Eingriffe in diesen Bereich nicht rechtfertigen, eine Abwägung nach Maßgabe des Verhältnismäßigkeitsprinzipes finde hier nicht mehr statt.*[157] Da der Mensch als Person, auch im Kern seiner Persönlichkeit, notwendig in sozialen Beziehungen existiere, hänge die Zuordnung eines Sachverhaltes zu diesem unantastbaren Bereich privater Lebensgestaltung oder zu jenem Bereich des privaten Lebens, der unter bestimmten Umständen dem staatlichen Zugriff offen steht, nicht davon ab, ob eine soziale Bedeutung

---

[155] BVerfG, Az. - 2 BvR 219/08 -, Rn 15.

[156] BVerfG, Az. - 2 BvR 219/08 -, Rn 17, mit Verweis auf BVerfGE 6, 32, 41; 389, 433; 54, 143, 146.

[157] BVerfG, 2 BvR 219/08, Rn 17, mit Verweis auf BVerfGE 34, 238, 245.

oder Beziehung überhaupt bestehe, sondern *welcher Art und wie intensiv sie sei.* Dies lasse sich aber *nicht abstrakt* beschreiben, sondern könne eben befriedigend nur unter Berücksichtigung der *Besonderheiten des Einzelfalls* beantworten werden. *Im Rahmen eines Strafverfahrens hänge der Umstand, ob ein Sachverhalt dem Kernbereich zugeordnet werden kann, neben dem subjektiven Willen des Betroffenen zur Geheimhaltung davon ab, ob er nach seinem Inhalt höchstpersönlichen Charakters sei und in welcher Art und Intensität er aus sich heraus die Sphäre anderer oder die Belange der Gemeinschaft berühre.*[158] Als *konkrete* Beispiele für unantastbare Inhalte könnte ich mir etwa *Aufzeichnungen zu Träumen und Wünschen im Allgemeinen, da sie keinen Tatsachenkern enthalten, sexuellen Vorlieben und kleineren, tatsächlich begangenen Straftaten* vorstellen. Diese Dinge gehen die Öffentlichkeit beziehungsweise ein Gericht *unter keinen Umständen* etwas an, auch wenn sie zum Beispiel für eine Charakterisierung des Angeklagten oder sonst wie für eine Urteilsfindung förderlich wären."

Wieder folgte nachdenkliches Schweigen. Christians Blick fiel schließlich auf die große weiße Uhr an der Wand. Viertel vor zwei zeigten die schwarzen Zeiger an. Sie hatten sich also bereits fast zwei Stunden über das Strafrecht unterhalten. Die Zeit war wie im Flug vergangen.

„Aber müssen wir nicht langsam los zu unserer Verhandlung?", fragte Christian vorsichtig.

Der Anwalt blickte ebenfalls auf seine sündhaft teuer aussehende Armbanduhr und sprang erschrocken auf. „Auf geht's", sagte er. „Wir sind spät dran. *Genug der Theorie.* Jetzt wirst du sehen, wie eine Hauptverhandlung *in der Wirklichkeit* abläuft."

---

[158] BVerfG, Az. - 2 BvR 219/08 -, Rn 18, mit Verweis auf BVerfGE 34, 238, 248; 80, 367, 374.

Vier

Die Hauptverhandlung im Strafprozess

Christian eilte zusammen mit Olaf Wirth durch die altehrwürdigen Flure mit hohen Decken und roten Teppichen, um den Gerichtsprozess, der im Amtsgericht Nürnberg stattfand, rechtzeitig zu erreichen. Als sie den eher kleinen Gerichtsaal im Erdgeschoss betraten, waren bereits einige Zuschauer auf den harten, horizontal zur Eingangstür ausgerichteten Holzbänken versammelt. Ein paar Meter weiter vorne erblickte Christian – wie ihm Olaf erklärte – auf der linken Seite, auf einer vertikal ausgerichteten Bank sitzend, den Angeklagten mit seinem Verteidiger und auf der rechten Seite die junge, attraktive Staatsanwältin. Die etwas erhöhte, wiederum horizontal ausgerichtete Richterbank, war noch unbesetzt. Gegenüber der Richterbank befand sich ein einzelner Stuhl mit Tisch. Hier wurden die Zeugen vernommen. Sie selbst nahmen in der letzten Reihe rechts der Eingangstür Platz.

Der Richter, ein untersetzter, etwa 40-jähriger, streng dreinblickender Mann mit schwarzer Robe, Glatze und Brille betrat den Saal durch eine Tür links neben der Richterbank. Alle Anwesenden erhoben sich. Der Richter begab sich sogleich zu dem Platz in der Mitte der Bank und machte den Anwesenden mit einer dezenten Handbewegung klar, dass sie sich wieder setzen durften. Dann nahm er selbst Platz.

„Wir verhandeln heute die Strafsache gegen *Konstantin Kramer wegen gefährlicher Körperverletzung.* Zuständig ist *Richter Andreas Holtmann als Einzelrichter.*[159] Ich stelle fest, dass der Angeklagte mit seinem *Verteidiger, Herrn Dr. Strathmann,* erschienen ist. Für die *Staatsanwaltschaft* ist *Frau Staatsanwältin Landeck* erschienen. Auch alle geladenen Zeugen sind erschienen?", bei dieser Frage sah er die Protokollführerin

---

[159] Nach § 24 GVG sind die Amtsgerichte (*Schöffengericht*) zuständig, wenn nach § 24 Abs. 1 S. 1 Nr. 2, Abs. 2 GVG *keine höhere Strafe als vier Jahre Freiheitsstrafe* zu erwarten ist. Für die Verhandlung und Entscheidung der zur Zuständigkeit der Amtsgerichte gehörenden Strafsachen werden, *soweit nicht der Strafrichter entscheidet,* bei den Amtsgerichten *Schöffengerichte* gebildet, vgl. § 28 GVG. Das *Schöffengericht* ist in der Regel mit *zwei Schöffen und einem Berufsrichter* besetzt, vgl. § 29 Abs. 1 S. 1 GVG. Der Richter beim Amtsgericht (*Einzelrichter*) entscheidet gem. § 25 GVG als *Strafrichter* bei *Vergehen,* (...) 2. *wenn eine höhere Strafe als Freiheitsstrafe von zwei Jahren nicht zu erwarten ist.* Dabei handelt es sich um eine *Prognose.* Unerheblich für die Zuständigkeit des Einzelrichters ist es daher, wenn *im Laufe des Prozesses* eine höhere Freiheitsstrafe als zwei Jahre zu erwarten ist. Der Strafrichter kann dann eine Freiheitsstrafe von bis zu vier Jahren verhängen (Strafgewalt des Amtsgerichtes).

auffordernd an, die an der Seite des Richters Platz genommen hatte. Diese nickte fast unmerklich zurück. „Diese möchte ich bitten, den Gerichtssaal vorerst zu verlassen und vor dem Sitzungssaal Platz zu nehmen, bis sie aufgerufen werden." Daraufhin erhoben sich ein Mann und zwei Frauen und verließen den Saal.

„Wir beginnen mit den *persönlichen Verhältnissen des Angeklagten.*[160] Hierzu darf ich Herrn Kramer nach vorne bitten." Er wies auf den Stuhl, der direkt vor der Richterbank postiert war. Der Angeklagte, ein brutal anmutender, hoch gewachsener, muskulöser, braun gebrannter Mann, erhob sich und nahm sichtbar unwillig und mit provokativ langsamen Bewegungen auf dem ihm zugewiesenen Stuhl Platz. Er hatte sich den Kopf kahl rasiert, war über und über tätowiert und trug eine abgehalfterte braune Hose sowie ein schwarzes T-Shirt mit der Aufschrift „*Halt's Maul und hol Bier*".

„Sie sind Konstantin Kramer, wohnhaft in Nürnberg. Sie sind Deutscher, geboren am 13. Mai 1984 in Nürnberg?", fragte der Richter.

„So ist es", antwortete der Angeklagte grimmig.

„Und was sind sie von Beruf?"

„Einen Beruf hab ich nicht nötig. Ich lebe von Vater Staat", entgegnete Konstantin Kramer mit Bass-Stimme und grinste frech. Der Richter blieb davon unbeeindruckt. Wahrscheinlich hörte er solche Antworten regelmäßig.

„Sie sind einschlägig wegen Körperverletzung vorbestraft", stellte der Richter lapidar fest.

„Die Anklage bitte, Frau *Staatsanwältin Landeck.*"

Die Staatsanwältin, eine etwa 30-jährige, große und blonde Frau erhob sich und begann, die Anklage zu verlesen. Sie trug eine schwarze Robe mit weißem Kragen. Konstantin Kramer blinzelte ihr verführerisch zu. Ein *Unsympath* ohnegleichen, dachte Christian bei sich. Aber auch die Staatsanwältin zeigte sich vom unverschämten Verhalten des Angeklagten unbeeindruckt.

---

[160] Der Gang der Hauptverhandlung ergibt sich aus § 243 StPO: „
(1) Die Hauptverhandlung beginnt mit dem *Aufruf der Sache.* Der Vorsitzende stellt fest, ob der Angeklagte und der Verteidiger *anwesend* und die *Beweismittel herbeigeschafft,* insbesondere die geladenen *Zeugen* und Sachverständigen *erschienen* sind.
(2) Die Zeugen verlassen den Sitzungssaal. Der Vorsitzende vernimmt den Angeklagten über seine *persönlichen Verhältnisse.*
(3) Darauf verliest der Staatsanwalt den *Anklagesatz.* (...)
(4) (...)
(5) Sodann wird der Angeklagte darauf hingewiesen, daß es ihm *freistehe, sich zu der Anklage zu äußern oder nicht zur Sache auszusagen.* Ist der Angeklagte zur Äußerung bereit, so wird er nach Maßgabe des § 136 Abs. 2 zur Sache *vernommen.* (...). Vorstrafen des Angeklagten sollen nur insoweit festgestellt werden, als sie für die Entscheidung von Bedeutung sind. Wann sie festgestellt werden, bestimmt der Vorsitzende.

„Die Staatsanwaltschaft[161] geht von folgender Tat aus", begann sie souverän ihre Ausführungen. „Am Abend des zwölften Januar 2017 wartete der Angeklagte mit seiner Freundin, der *Zeugin Anna Müller*, am Hauptbahnhof in Nürnberg auf die U-Bahn, als der *Zeuge Martin Klein* die Zeugin Müller nach der Uhrzeit fragte und eine harmlose Bemerkung über ihr gutes Aussehen machte. Dies veranlasste den Angeklagten dazu, den Zeugen Klein ohne Vorwarnung mit der Faust ins Gesicht zu schlagen und – als sein Opfer bereits wehrlos am Boden lag – mit schweren Winterstiefeln in den Bauch zu treten. Gemäß medizinischen Gutachten, das dem Gericht und allen anderen Prozessparteien vorliegt, trug das Opfer von dem Faustschlag einen Jochbein-, Kiefer und Nasenbeinbruch sowie von dem Bauchtritt Hämatome und lebensgefährliche innere Blutungen davon, die im Krankenhaus behandelt werden mussten. Der Angeklagte hat daher sein Opfer sowohl *körperlich misshandelt*[162] als auch *an der Gesundheit geschädigt*. Seine Handlungen, das heißt der Faustschlag und die Tritte in den Bauch und Unterleib, waren auch Ursache des Erfolgseintritts im Sinne der *conditio sine qua non*[163] und lösten eine rechtlich missbilligte Gefahr des dann eingetretenen Körperverletzungserfolgs aus.[164] Der Eintritt des Erfolgs ist damit sowohl *kausal* durch die Handlungen des Angeklagten verursacht als auch *objektiv*

---

[161] Die Staatsanwaltschaft ist *„Herrin des Ermittlungsverfahrens"*: Sobald sie im Wege der Anzeige oder auf anderem Wege von dem Verdacht einer Straftat Kenntnis erhält, hat sie zum Zwecke der Entschließung darüber, ob öffentliche Klage zu erheben sei, die *Aufgabe, den Sachverhalt zu erforschen* (§ 160 Abs. 1 StPO). Dabei hat sie gem. § 160 Abs. 2 StPO *„nicht nur die zur Belastung, sondern auch die zur Entlastung dienenden Umstände zu ermitteln und für die Erhebung der Beweise Sorge zu tragen."* Sie wird daher landläufig auch gerne als *„objektivste Behörde der Welt"* betitelt.

[162] *Körperliche Misshandlung* ist zum einen eine *üble, unangemessene Behandlung, die das körperliche Wohlbefinden des Opfers mehr als nur unerheblich beeinträchtigt*, vgl. *Degener, Wilhelm/Brand, Thomas/Pampuch, Christopher/Faridy, Soroush*, Anfängerklausur - Strafrecht: Sprung in der Schüssel, JuS 2/2018, S. 141 (142), mit Verweis auf BGHSt 25, 277. Eine weitere Form der körperlichen Misshandlung ist die *Beeinträchtigung der körperlichen Integrität, die in der Zufügung physischer Substanzverletzungen zu sehen ist*, vgl. *Degener, Wilhelm/Brand, Thomas/ Pampuch, Christopher/Faridy, Soroush*, Anfängerklausur - Strafrecht: Sprung in der Schüssel, JuS 2/2018, S. 141 (S. 143), mit Verweis auf BGHSt 14, 269. Eine *Gesundheitsschädigung* ist das *Hervorrufen oder Steigern eines anomalen körperlichen Zustandes*, vgl. *Degener, Wilhelm/Brand, Thomas/Pampuch, Christopher/Faridy, Soroush*, Anfängerklausur - Strafrecht: Sprung in der Schüssel, JuS 2/2018, S. 141 (S. 143), mit Verweis auf BGHSt 31, 1 (6).

[163] Zu deutsch: *Eine Ursache, die nicht hinweggedacht werden kann, ohne dass der tatbestandliche Erfolg entfiele.*

[164] *Degener, Wilhelm/Brand, Thomas/Pampuch, Christopher/Faridy, Soroush*, Anfängerklausur - Strafrecht: Sprung in der Schüssel, JuS 2/2018 S. 141 (143).

zurechenbar.[165] Der Angeklagte *wusste* um die Folgen seiner Tat und führte diese zielgerichtet und mit *Absicht*[166] herbei, handelte mithin *vorsätzlich.*[167] Er wird deshalb wegen gefährlicher Körperverletzung gemäß § 223 Absatz 1 und 224 Absatz 1 Nummer 1 2. Alternative und Nummer 5 des Strafgesetzbuches angeklagt, da er die Tat *mittels eines gefährlichen Werkzeuges* und *mittels einer das Leben gefährdenden Behandlung* beging."

„Vielen Dank, Frau Staatsanwältin. Nun wieder zu Ihnen, Herr Kramer. Sie wissen, daß es Ihnen *freisteht, sich zu der Anklage zu äußern oder nicht zur Sache auszusagen.* Wollen Sie dennoch Angaben zur Sache machen?"

„Nein. Mein Verteidiger hat mich schon darüber aufgeklärt, dass ich *nichts zu sagen brauche, was mich belastet. Außerdem gelte ich als unschuldig, bis ich rechtskräftig verurteilt bin.*[168] Warum sollte *ich* also die Arbeit der hübschen Staatsanwältin machen? Die soll mal schön zeigen, was sie so drauf hat", gab der Angeklagte zurück. Weder der Richter noch die Staatsanwältin gingen auf die erneute Provokation ein.

„Gut. Dann können wieder Sie wieder an der Seite Ihres Verteidigers, Herrn Dr. Strathmann, Platz nehmen", versetzte der Richter. „Wir treten in die *Beweisaufnahme* ein.[169] Zunächst kann ich bestätigen, dass das *ärztliche Gutachten* von Dr. Maier vom Südklinikum Nürnberg vom 13. Februar 2017, welches dem Gericht vorliegt, einen *Jochbein-, Kiefer- und Nasenbeinbruch* sowie *Hämatome und lebensgefährliche innere Blutungen in der Bauchregion* bescheinigt. Sodann rufe ich *Herrn Martin Klein* in den Zeugenstand."

Der Zeuge wurde ausgerufen. Ein attraktiver, etwa 1,75 Meter großer, schlanker Mann in kariertem Hemd und schwarzer Stoffhose und Lackschuhen betrat den Gerichtssaal. Sein volles schwarzes Haar war zurückgekämmt und offenbar mit einer Menge Haargel gebändigt. Sein Gesicht war auf der rechten Seite immer noch blau-gelblich verfärbt und leicht geschwollen, obwohl seine Begegnung mit dem Angeklagten schon ein paar Monate

---

[165] Die Lehre von der *objektiven Zurechnung*, der vor allem bei fahrlässigen Delikten Bedeutung zukommt, geht auf der Grundlage der personalen Unrechtslehre davon aus, *dass tatbestandliche Erfolge nur dann vorliegen, wenn sie auf ein jeweils spezifisches Handlungsunrecht zurückzuführen sind*, vgl. dazu *Fischer*, StGB, vor § 13, Rn 24 ff.

[166] Bezeichnet wird dies in der Rechtswissenschaft als *dolus directus 1. Grades.*

[167] §§ 15, 16 StGB.

[168] Sog. *Unschuldsvermutung* gem. Art. 6 Abs. 2 EMRK und Art. 48 Abs. 1 GrCh (*Charta der Grundrechte der Europäischen Union*). In Deutschland folgt die Unschuldsvermutung aus dem *Rechtsstaatsprinzip* in Art. 20 Abs. 3 GG.

[169] § 244 Abs. 1 StPO: Nach der Vernehmung des Angeklagten folgt die *Beweisaufnahme.*

zurück lag. Er nahm auf dem Stuhl vor der Richterbank, auf dem zuvor der Angeklagte gesessen hatte, Platz.

„Sie sind Herr *Martin Klein*, geboren am zwölften Januar 1990, demnach 27 Jahre alt. Wohnhaft sind Sie in Nürnberg. Sie sind mit dem Angeklagten *weder verwandt noch verschwägert*. Was machen Sie beruflich?"[170]

„Seit Beendigung meines BWL-Studiums vor einem Jahr arbeite bei einer großen Bank als Investmentberater", gab der Zeuge selbstbewusst zu Protokoll.

„*Sie wissen, dass man bei Gericht die Wahrheit sagen muss? Ansonsten macht man sich strafbar.*[171] *Sie müssen aber nichts sagen, was sie selbst oder einen Angehörigen belastet,* § 55 der Strafprozessordnung.[172]"

„Ja, das weiß ich."

„Wie verhandeln hier und heute – wie Sie sicher wissen – die Strafsache gegen Konstantin Kramer. Dann berichten sie doch erst einmal, wie sich der Abend des zwölften Januar diesen Jahres *aus Ihrer Sicht* abgespielt hat."[173]

„Ich habe an dem besagten Abend auf die U-Bahn gewartet, als der Angeklagte mit seiner zugegebenermaßen überaus attraktiven Freundin an mir vorbei lief. Als er den Fahrplan

---

[170] § 68 Abs. 1 S. 1 StPO: Die Vernehmung beginnt damit, dass der Zeuge über *Vornamen, Nachnamen, Geburtsnamen, Alter, Beruf und Wohnort* befragt wird. Ein Zeuge, der Wahrnehmungen in amtlicher Eigenschaft gemacht hat, kann statt des Wohnortes den Dienstort angeben.

[171] § 57 StPO (*Belehrung*): „*Vor der Vernehmung werden die Zeugen zur Wahrheit ermahnt und über die strafrechtlichen Folgen einer unrichtigen oder unvollständigen Aussage belehrt. Auf die Möglichkeit der Vereidigung werden sie hingewiesen. Im Fall der Vereidigung sind sie über die Bedeutung des Eides und darüber zu belehren, dass der Eid mit oder ohne religiöse Beteuerung geleistet werden kann.*
§ 153 StGB (*Falsche uneidliche Aussage*):
„Wer *vor Gericht* oder vor einer anderen zur eidlichen Vernehmung von Zeugen oder Sachverständigen zuständigen Stelle als Zeuge oder Sachverständiger *uneidlich falsch aussagt*, wird mit *Freiheitsstrafe von drei Monaten bis zu fünf Jahren* bestraft.
§ 154 (*Meineid*):
„(1) Wer *vor Gericht* oder vor einer anderen zur Abnahme von Eiden zuständigen Stelle *falsch schwört*, wird mit *Freiheitsstrafe nicht unter einem Jahr* bestraft.
(2) In minder schweren Fällen ist die Strafe Freiheitsstrafe von sechs Monaten bis zu fünf Jahren."

[172] § 55 StPO (*Auskunftsverweigerungsrecht*):
„(1) *Jeder Zeuge kann die Auskunft auf solche Fragen verweigern, deren Beantwortung ihm selbst oder einem der in § 52 Abs. 1 bezeichneten Angehörigen die Gefahr zuziehen würde, wegen einer Straftat oder einer Ordnungswidrigkeit verfolgt zu werden.*
(2) *Der Zeuge ist über sein Recht zur Verweigerung der Auskunft zu belehren.*"

[173] § 69 Abs. 1 StPO: „*Der Zeuge ist zu veranlassen, das, was ihm von dem Gegenstand seiner Vernehmung bekannt ist, im Zusammenhang anzugeben.* Vor seiner Vernehmung ist dem Zeugen der Gegenstand der Untersuchung und die Person des Beschuldigten, sofern ein solcher vorhanden ist, zu bezeichnen."

checkte und seine Freundin ein paar Sekunden alleine ließ, nutze ich die Gelegenheit. Unter dem Vorwand, die Uhrzeit wissen zu wollen, sprach ich die Freundin des Angeklagten an und machte ihr ein paar Komplimente."

„KOMPLIMENTE?", schrie Konstantin Kramer urplötzlich auf. „Er hat sie als *SAHNESCHNITTE* bezeichnet und ihr geraten, mich für ihn zu verlassen."

„Stimmt das?", fragte der Richter ruhig.

„Ja, das stimmt", erwiderte Martin Klein unbeeindruckt. „Das ist ja *nicht verboten*, oder? Ich war einfach der Meinung, dass ein so hübsches Mädchen bei mir besser aufgehoben ist als bei so einem arbeitslosen Versager wie dem Angeklagten."

Der Zeuge hatte seinen Satz noch nicht beendet, da sprang der Angeklagte auf und wollte auf ihn losgehen. Glücklicherweise waren die ebenfalls muskulösen Gerichtsdiener gut postiert und hielten ihn umgehend in Schach. Jetzt wurde der Richter zum ersten Mal unleidig. „Herr Kramer, Sie sind hier in einem Gerichtssaal, also verhalten Sie sich auch so. Weiter in der Sache also. Was passierte als nächstes, Herr Klein?"

„Als nächstes hatte ich schon die Faust des Angeklagten im Gesicht. Er schlug so hart zu, dass es hörbar knirschte und ich auf dem Boden landete. Ich wusste sofort, dass mindestens mein Kiefer gebrochen war. *Aber damit nicht genug!* Als ich bereits wehrlos auf dem Boden lag und kaum noch bei Sinnen war, schlug er mit seinen Stiefeln immer wieder auf mich ein, hauptsächlich in den Bauch und in die Weichteile. *Die Schmerzen waren unerträglich.* Ich konnte nicht mehr um Hilfe schreien, da ich keine Luft mehr bekam. Seine Freundin bat ihn immer wieder, damit aufzuhören. Aber er schlug nur *immer weiter* zu. Ich dachte, hier kommst du nicht mehr lebend heraus. Irgendwann muss ich gänzlich ohnmächtig geworden sein, denn als ich wieder aufwachte, lag ich im Krankenhaus."

„Was waren das für Stiefel?", hakte die Staatsanwältin nach.

„Es waren *schwere Winterstiefel aus Leder* und mit einem *extrem harten Kunststofffortsatz an der Spitze.*"

„Sind das diese hier?", fragte der Richter und ließ sich vom Gerichtsdiener zwei massive, schwarze Winterstiefel reichen. „Die Stiefel werden hiermit *in Augenschein genommen.*"[174] Der Zeuge bejahte.

„Haben Sie noch weitere Fragen an den Angeklagten?", wandte sich der Richter an Verteidiger und Staatsanwältin.[175] Der Verteidiger meldete sich zu Wort.

„Herr Klein, glauben Sie nicht auch, dass Sie das gewalttätige Handeln des Angeklagten *provoziert* haben? Verstehen Sie mich nicht falsch, die Angriffe auf Sie sind in keiner Weise *rechtlich* gerechtfertigt. Aber für die *Strafzumessung* ist diese Frage durchaus interessant. Also, mussten Sie nicht damit rechnen, dass der Angeklagte auf irgendeine Weise auf Ihre Anspielungen reagieren würde? Wäre nicht jeder Mann sauer, wenn ein Wildfremder urplötzlich seine Freundin oder Frau – ja, wie soll ich es nennen? – *angraben* würde? Was *genau* haben Sie denn gesagt?"

„Ja, das ist wahr. Ich wäre auch sauer, auch wenn ich natürlich nicht gleich zuschlagen würde. Ich habe seine Freundin als *Sahneschnitte* bezeichnet, das ist richtig. Und ich habe ihr ins Ohr geflüstert, dass sie mit mir doch viel besser dran wäre, als mit dem Angeklagten. Das muss sie dem Angeklagten später erzählt haben." Der Zeuge lächelte verschmitzt.

„Noch etwas?"

„Nun ja, ich habe ihr auch gesagt, dass sie die *schönste Frau der Welt* ist und dass sie mich *jederzeit* anrufen kann. Dann hab ich ihr meine Telefonnummer in die Manteltasche gesteckt."

„Nur, um das klarzustellen", mischte sich die Staatsanwältin ein. „Sie haben die Angeklagte zu keiner Zeit *festgehalten* oder *sexuell belästigt?*"

---

[174] Im Strafverfahren sind für alle Fragen, die die Schuld und die Rechtsfolgen der Tat betreffen, fünf *Beweismittel* vorgesehen, sog. *Strengbeweisverfahren*: *Zeugen* (§§ 48 ff. StPO, *Sachverständige* (§§ 72 ff. StPO), *Urkunden* (249 ff. StPO), *Augenschein* (§§ 86 ff. StPO) und *Einlassung des Angeklagten*. Die Inaugenscheinnahme umfasst dabei – entgegen dem Wortlaut – *alle sinnlichen Wahrnehmungen*, also zum Beispiel auch Riechen und Schmecken. Alle Beweismittel müssen grundsätzlich *unmittelbar* und *mündlich* erhoben werden. Eine Ausnahme gilt etwa für Urkunden, wenn die Richter und Schöffen vom Wortlaut der Urkunde Kenntnis genommen haben und die übrigen Beteiligten hierzu Gelegenheit hatten (§ 249 Abs. 2 StPO). Das Gericht hat zur Erforschung der Wahrheit die Beweisaufnahme von Amts wegen *auf alle Tatsachen und Beweismittel* zu erstrecken, die für die Entscheidung von Bedeutung sind (§ 244 Abs. 2 StPO, sog. *Amtsermittlungsgrundsatz*).

[175] § 240 StPO:
„(1) Der Vorsitzende hat den beisitzenden Richtern auf Verlangen zu gestatten, *Fragen* an den Angeklagten, die Zeugen und die Sachverständigen zu stellen.
(2) Dasselbe hat der Vorsitzende der *Staatsanwaltschaft*, dem *Angeklagten* und dem *Verteidiger* sowie den *Schöffen* zu gestatten. Die unmittelbare Befragung eines Angeklagten durch einen Mitangeklagten ist unzulässig."

„Auf gar keinen Fall", empörte sich Martin Klein. „Ich flirte einfach gerne mit Frauen, aber ich würde eine Frau doch *niemals* belästigen."

„Keine weiteren Fragen", bemerkte die Staatsanwältin trocken.

„Dann sind Sie hiermit als Zeuge entlassen, Herr Klein. Sie bleiben *unvereidigt*[176] und nehmen bitte an der Seite Platz", stellte der Richter fest. „Als nächstes rufe ich *Frau Anna Müller* in den Zeugenstand."

Hierauf betrat eine junge, attraktive Frau den Sitzungsaal. Sie hatte langes, blondes Haar und trug ein rotes Sommerkleid.

„Sie sind *Anna Müller*, geboren am dritten Mai 1994, wohnhaft in Nürnberg. Was machen Sie beruflich?", fragte der Richter, nachdem die junge Dame im Zeugenstand Platz genommen hatte.

„Ich bin Friseurin", antwortete sie mit hoher, schüchterner Stimme.

„*Sie wissen, dass man bei Gericht die Wahrheit sagen muss? Ansonsten macht man sich strafbar. Sie müssen aber nichts sagen, was sie selbst oder einen Angehörigen belastet*, § 55 der Strafprozessordnung. In welcher Beziehung stehen Sie zum Angeklagten?"

„Ich bin seine *Verlobte*. Er hat mir vorgestern einen Heiratsantrag gemacht und ich habe Ja gesagt." Daraufhin stöhnte die Staatsanwältin hörbar auf, der Angeklagte grinste genüsslich. Ihm war bewusste, dass ihm und seinem Verteidiger damit ein kluger Schachzug gelungen war. Und die Staatsanwältin wusste es natürlich ebenfalls.

---

[176] § 59 Abs. 1 S. 1 StPO: „*Zeugen* werden *nur vereidigt*, wenn es das Gericht wegen der ausschlaggebenden Bedeutung der Aussage oder zur Herbeiführung einer wahren Aussage nach seinem Ermessen für *notwendig* hält."

66

„In diesem Fall müssen Sie keine Aussage machen, Frau Müller, § 52 der Strafprozessordnung[177]", stellte der Richter fest. „Wollen Sie dennoch aussagen?" Die Zeugin schaute den Verteidiger unsicher an. Dieser schüttelte fast unmerklich den Kopf.

„Nein", antwortete sie leise. „Wenn das so erlaubt ist, möchte ich keine Aussage machen."

„Dann ist die Zeugin hiermit entlassen. Bitte nehmen Sie an der Seite Platz. Soweit ich das sehe, gibt es keine weiteren vom Gericht geladenen Zeugen oder weitere Beweismittel. Die Videokamera im U-Bahnbereich war an besagtem Tag ja leider ausgefallen. Oder gibt es noch weitere Beweisanträge?", fragte der Richter und sah dabei die Staatsanwältin durchdringend an. Offenbar wusste er von weiteren Beweismitteln der Staatsanwaltschaft und wollte zu verstehen geben, dass ein weiteres Beweismittel für seine Überzeugungsbildung durchaus förderlich wäre.[178] Christian erinnerte sich, dass zu Beginn der Verhandlung ein Mann und *zwei* Frauen den Saal verlassen hatten. Es musste also noch eine Zeugin geben.

---

[177] § 52 Abs. 1 StPO: *„Zur Verweigerung des Zeugnisses sind berechtigt*
1.
der *Verlobte* des Beschuldigten oder die Person, mit der der Beschuldigte ein Versprechen eingegangen ist, eine Lebenspartnerschaft zu begründen;
2.
der Ehegatte des Beschuldigten, auch wenn die Ehe nicht mehr besteht;
2a.
der Lebenspartner des Beschuldigten, auch wenn die Lebenspartnerschaft nicht mehr besteht;
3.
wer mit dem Beschuldigten in gerader Linie verwandt oder verschwägert, in der Seitenlinie bis zum dritten Grad verwandt oder bis zum zweiten Grad verschwägert ist oder war.
Grund der Vorschrift ist die Rücksicht auf die *Zwangslage* des Zeugen, der zur Wahrheit verpflichtet ist, aber befürchten muss, dadurch einem Angehörigen zu schaden, vgl. *Meyer/ Goßner,* StPO, § 52, Rn 1, mit Verweis auf BGH 2, 351, 354; 11, 213, 217 (*Großer Senat für Strafsachen*); 22, 35, 36; 27, 231. Das Verlöbnis ist ein, nicht notwendig öffentliches, gegenseitiges und von beiden Seiten ernst gemeintes Eheversprechen oder das ernst gemeinte Versprechen zur Begründung einer Lebenspartnerschaft. Das Verlöbnis braucht nicht schon zur Tatzeit bestanden zu haben, muss aber zur Zeit der Aussage bestehen. Das Gericht darf die Angabe des Zeugen über das Bestehen eines Verlöbnisses als richtig hinnehmen, wenn niemand widerspricht. Vgl. hierzu *Meyer/Goßner,* StPO, § 52, Rn 4, mit Verweis auf BGH NJW 72, 1334 und BGH 23, 16; NJW 80, 67, 68.

[178] § 261 StPO: *„Über das Ergebnis der Beweisaufnahme entscheidet das Gericht nach seiner freien, aus dem Inbegriff der Verhandlung geschöpften Überzeugung."* (Grundsatz der freien richterlichen Beweiswürdigung)

„In der Tat", erklärte die Staatsanwältin. „Ich beantrage die Vernehmung von Frau *Agnes Hannemann* als *präsente Zeugin*.[179] Sie wurde von der Staatsanwaltschaft ordnungsgemäß geladen und kann weitere Angaben zum Tathergang machen."

„Auf den Antrag der Staatsanwaltschaft hin ruft das Gericht Frau *Agnes Hannemann* in den Zeugenstand", gab der Richter zu Protokoll.

Eine etwa 70-jährige, adrett in violett gekleidete Dame betrat den Gerichtssaal und nahm im Zeugenstand Platz. Auch ihr Haar hatte einen violetten Einschlag. Sie machte einen durchaus selbstbewussten, modernen Eindruck.

„Sie sind Frau *Agnes Hannemann*. Haben Sie einen Mädchennamen?"

„Ja, ich bin *verwitwet*. Meinen Mädchenname lautet *Höfler*."

„Wie alt sind Sie?"

„Ich bin 70 Jahre alt und Rentnerin."

„Frau Hannemann, Sie wissen, dass man vor Gericht die Wahrheit sagen muss? Und Sie sind mit dem Angeklagten weder verwandt noch verschwägert?"

Frau Hannemann nickte.

„Und Sie können uns etwas zum Tathergang berichten?"

„Sehr wohl", entgegnete die Zeugin und warf dabei dem Angeklagten einen bitterbösen Blick zu. „An jenem Abend wartete ich ebenfalls in der U-Bahnstation des Hauptbahnhofs in Nürnberg auf einen Zug Richtung Fürth, als ich den jungen Mann – dabei zeigte sie auf Martin Klein – beobachten konnte, wie er sich an die junge Dame hier – dabei zeigte sie auf Anna Müller – heranschlich. Ich stand in unmittelbarer Nähe, sodass ich hören konnte, was er dann zu ihr sagte. Er sagte, welch eine *Sahneschnitte* sie doch sei. Das bekam der Angeklagte natürlich mit und machte sich bereits angriffsbereit. Das ging alles ziemlich schnell. Naja, jedenfalls hatte er – dabei zeigte sie wieder auf Martin Klein – noch genug Zeit, ihr – dabei zeigte sie wieder auf Anna Müller – etwas ins Ohr zu flüstern und ihr etwas in die Jackentasche zu stecken. Ich war jedenfalls neugierig geworden, also hatte ich mich auch ein wenig näher herangeschlichen. Und ich habe ein neues Hörgerät, wissen Sie, Herr Richter. Damit höre ich eine Fliege landen. Ich hörte also, wie er ihr ins Ohr flüsterte und sie fragte, ob er mit ihm durchbrennen wollte, denn wenn der Angeklagte

---

[179] § 245 Abs. 2 StPO: „Zu einer *Erstreckung der Beweisaufnahme* auf die vom Angeklagten oder der *Staatsanwaltschaft vorgeladenen und auch erschienenen Zeugen* und Sachverständigen sowie auf die sonstigen herbeigeschafften Beweismittel ist das *Gericht nur verpflichtet*, wenn ein *Beweisantrag* gestellt wird. Der Antrag ist abzulehnen, wenn die Beweiserhebung unzulässig ist. Im übrigen darf er nur abgelehnt werden, wenn die Tatsache, die bewiesen werden soll, schon erwiesen oder offenkundig ist, wenn zwischen ihr und dem Gegenstand der Urteilsfindung kein Zusammenhang besteht, wenn das Beweismittel völlig ungeeignet ist oder wenn der Antrag zum Zwecke der Prozeßverschleppung gestellt ist."

ihr Freund wäre, ja, da hätte *er* doch *weit mehr* zu bieten. Dann sagte er noch, dass sie die *schönste Frau der Welt* sei und sie ihn *jederzeit* anrufen könne."

„Und das konnten Sie genau hören? Das ist jetzt *sehr wichtig*, wissen Sie?", hakte der Richter nach.

„Ja, Herr Richter, natürlich, das weiß ich doch. Ich habe jedes einzelne Wort so gehört, wie ich es berichtet habe. Natürlich ist es frech, was er – sie zeigte erneut auf Martin Klein, der sich ein Grinsen ob des eigenwilligen Berichts der älteren Dame nicht verkneifen konnte – gemacht hat. Man gräbt doch nicht einfach wildfremde Frauen an, die auch noch offensichtlich einen Begleiter dabei haben. Sie können mir glauben, *mein Gerhard – Gott habe ihn selig* – hätte *Ihnen* dafür auch Eine verpasst." Als sie das sagte, fuchtelte sie mit dem Zeigefinger ermahnend in Richtung Martin Klein. „Aber man darf doch einen Mann dafür nicht *halbtot* schlagen." Sie fuchtelte nun noch heftiger mit dem Zeigefinger, diesmal aber in Richtung des Angeklagten.

„Frau Hannemann", entschuldigen Sie, wenn ich Sie kurz unterbreche, aber könnten wir zum Tatgeschehen zurück kommen?", ging die Staatsanwältin dazwischen, lächelte die Zeugin bei diesen Worten aber sanftmütig an. „Für mich – und sicher auch für das Gericht – wäre es wichtig zu wissen, ob der *Angeklagte* hören konnte, was der Zeuge Klein der Zeugin Müller ins Ohr flüsterte?"

„Nein, das konnte er *unmöglich* hören, er stand ja zwei, drei Meter weit weg, um etwas auf dem Fahrplan nachzusehen. Diesen Moment hat der *Schlingel* – dabei zeigte sie wieder auf den Zeugen Klein – ja gerade abgepasst. Dabei ließ der Angeklagte sein Mädchen aber nie wirklich aus den Augen. Er schielte ständig zu ihr hin. Und er ging ja bereits nach dem laut ausgesprochenen Wort *Sahneschnitte* auf den Zeugen Klein los. Das konnte er nämlich durchaus hören, er war ja noch in Hörweite. Aber schon als er das Wort *Sahneschnitte* hörte, ballte er die Fäuste und machte sich mit Anlauf auf den Weg, um ihm hier – sie zeigte mit dem Finger auf Martin Klein – Eine zu verpassen. Durchaus *zurecht*, wenn sie mich fragen. *Aber was danach passierte…*"

„*Was passierte denn danach?*", insistierte der Richter.

„Nachdem der *Schlingel* nach einer ordentlichen Rechten zu Boden ging, beließ es der Angeklagte nicht dabei, sondern schlug mit seinen schweren Winterstiefeln immer wieder auf ihn ein, vor allem in den Bauch. Das war *schrecklich*. Ich habe gedacht, das kann nicht gut gehen, der schlägt ihn *tot*. Erst als ich laut rief, dass ich die Polizei rufen werde, rannte er mit seinem Mädchen davon. Aber es waren zum Glück gleich ein paar Leute da, die ihn versorgten und Krankenwagen und Polizei holten."

„Waren das *diese* Winterstiefel?". Der Richter hielt die Stiefel hoch. Die alte Dame nickte zerknirscht.

„Frau Hannemann, man kann sich bei Ihnen nur für Ihre Zivilcourage bedanken. Gibt es noch weitere Fragen an die Zeugin?"

„Ich habe noch eine Frage", meldete sich der Verteidiger zu Wort. Der Richter nickte ihm aufmunternd zu.

„Frau Hannemann, Sie beschreiben den ganzen Tathergang sehr detailliert und kleinteilig. Wissen Sie, das ist bei Zeugenvernehmungen nicht die Regel, zumal bei etwas – ja, wie soll ich es sagen – *betagteren* Zeuginnen und Zeugen. Es ist völlig normal, wenn man mal etwas vergisst oder eine Kleinigkeit, nun ja, *hinzudichtet.* Daher meine Frage: *Sind Sie sich dessen, was Sie berichtet haben, absolut sicher?* Wissen Sie, es geht hier um das *weitere Leben* meines Mandanten." Bei diesen Worten sah er die Zeugin eindringlich, ja fast penetrant an. Sie wich seinem Blick aber nicht aus.

„Wollen Sie mich etwa als senil und grenzdebil darstellen, Herr *Verteidiger?".* Das letzte Wort *zischte* sie geradezu. Mit ihr sollte man sich besser nicht anlegen, dachte Christian bei sich. „Ich mag alt sein und ein wenig neugierig. Aber ich habe doch kein *Alzheimer.* Alles ist *genau so* geschehen wie ich es gesagt habe, *Basta!".* Sie verschränkte beleidigt die Arme.

„Nun beruhigen Sie sich doch", lachte der Richter. „Niemand wirft Ihnen Lügen oder Senilität vor. Der Verteidiger macht einfach nur seinen Job." Dieser nickte jovial.

„Gut. Wenn keine weiteren Fragen sind, ist die Zeugin zu entlassen. Sie haben uns sehr geholfen, Frau Hannemann. Vielen Dank. Die Zeugin bleibt *unvereidigt.*[180] Bitte nehmen Sie an der Seite Platz, Frau Hannemann. Hiermit ist die Beweisaufnahme beendet. Ihre *Plädoyers* bitte.[181] Frau Staatsanwältin?"

---

[180] § 59 StPO:
„(1) Zeugen werden *nur vereidigt,* wenn es das Gericht wegen der ausschlaggebenden Bedeutung der Aussage oder zur Herbeiführung einer wahren Aussage nach seinem Ermessen für *notwendig* hält. Der Grund dafür, dass der Zeuge vereidigt wird, braucht im Protokoll nicht angegeben zu werden, es sei denn, der Zeuge wird außerhalb der Hauptverhandlung vernommen.
(2) Die Vereidigung der Zeugen erfolgt einzeln und nach ihrer Vernehmung. Soweit nichts anderes bestimmt ist, findet sie in der Hauptverhandlung statt.

[181] § 258 StPO (*Schlussvorträge; Recht des letzten Wortes*):
(1) *Nach dem Schluß der Beweisaufnahme erhalten der Staatsanwalt und sodann der Angeklagte zu ihren Ausführungen und Anträgen das Wort.*
(2) Dem Staatsanwalt steht das Recht der Erwiderung zu; *dem Angeklagten gebührt das letzte Wort.*
(3) Der Angeklagte ist, auch wenn ein Verteidiger für ihn gesprochen hat, zu befragen, ob er selbst noch etwas zu seiner Verteidigung anzuführen habe.

Die Staatsanwältin räusperte und erhob sich.

„Hohes Gericht, Herr Verteidiger,

die Beweisaufnahme hat ergeben, dass der Angeklagte am Abend des zwölften Januar 2017 den Zeugen Klein mit der Faust niederschlug und danach mit schweren Winterstiefeln den Bauch und den Unterleib des Opfers weiter traktierte, sodass dieser erhebliche Verletzungen und Schmerzen davontrug. Dies ergaben *die glaubhaften Aussagen der Zeugin Hannemann.* Die Körperverletzung geschah auch *ohne Rechtfertigung.* Zwar hat das Opfer zuvor die Freundin und jetzige Verlobte des Angeklagten angesprochen und dieser Komplimente gemacht und ihr geraten, den Angeklagten für ihn zu verlassen. Der Angeklagte konnte sich von diesem Verhalten – sofern er es denn überhaupt vollständig mitbekam, er befand sich ja einige Meter entfernt, als der Zeuge Klein der Zeugin Müller Anzüglichkeiten ins Ohr flüsterte und ihr seine Telefonnummer zusteckte – *durchaus* provoziert fühlen. Sofern das Gericht also davon ausgehen sollte, dass das Verhalten des Zeugen Klein eine strafbare *Beleidigung*[182] gegenüber der Zeugin[183] oder dem Angeklagten selbst[184] dargestellt habe, dann sind der

---

[182] § 185 StGB (*Beleidigung*): „*Die Beleidigung wird mit Freiheitsstrafe bis zu einem Jahr oder mit Geldstrafe und, wenn die Beleidigung mittels einer Tätlichkeit begangen wird, mit Freiheitsstrafe bis zu zwei Jahren oder mit Geldstrafe bestraft.*"

[183] Angriffe auf die sexuelle Selbstbestimmung, verbale oder tätliche sexualbezogene Annäherungen ohne Einverständnis der betroffenen Person erfüllen nur dann den Tatbestand der Beleidigung, wenn nach den konkreten Umständen in diesem Verhalten eine (vorsätzliche) herabsetzende Bewertung des Opfers zu sehen ist, vgl. *Fischer*, StGB, § 185, Rn 11a, mit Verweis auf BGH 36, 145, 150 u. a. Dies dürfte hier nicht der Fall sein, da der Zeuge Klein der Zeugin Müller Komplimente machte, die er durchaus ernst meinte. Eine Missachtung oder Nichtachtung der Zeugin Müller ist darin nicht zu sehen.

[184] Die Beleidigung setzt einen rechtswidrigen Angriff auf die Ehre einer anderen Person durch *vorsätzliche Kundgabe der Missachtung* voraus, vgl. *Fischer*, StGB, § 185, Rn 4, mit Verweis auf BGH 1, 289; 11, 67; 16, 63. Vollendet ist die Beleidigung, sobald die Äußerung mit Willen des Täters zur Kenntnis der beleidigten oder einer dritten Person kommt, die sie als Beleidigung auffasst, vgl. *Fischer*, StGB, § 185, Rn 14, mit Verweis auf BGH 9, 17. Gegenüber dem Angeklagten selbst kann man durchaus von einer Beleidigung im Sinne des § 185 StGB ausgehen, da sich in dem „Anmachen" der Freundin in dem Bewusstsein und der Kenntnis der Gegenwart ihres Partners ein *Ausdruck der Nicht- und Missachtung* gegenüber dem Angeklagten erkennen lässt, der jedenfalls der Freundin, die die Aussagen des Zeugen Klein als Beleidigung des Angeklagten auffassen musste, aber in Teilen auch dem Angeklagten selbst zur Kenntnis gereichte. §186 StGB (*Üble Nachrede*) und § 187 StGB (*Verleumdung*) bleiben außer Betracht.

Schlag gegen die Schläfe und die Fußtritte jedenfalls *nicht erforderlich*[185], da sie bei weitem *nicht das relativ mildeste Mittel* darstellten, um den *gegenwärtigen*[186], *rechtswidrigen Angriff*[187] *auf die Ehre der Zeugin und des Angeklagten*[188] abzuwehren. *Zwar braucht das Recht dem Unrecht nicht zu weichen.*[189] Eine verbale Erwiderung hätte

---

[185] Die Erforderlichkeit hat zwei Voraussetzungen: *Erstens muss die Abwehrhandlung geeignet sein, den Angriff abzuwehren* (meistens gegeben), *zweitens muss sie das relativ mildeste Mittel darstellen. Ein Rückzug ist aber nicht zumutbar ("Das Recht braucht dem Unrecht nicht zu weichen").* Eine *Abwägung* der betroffenen Rechtsgüter findet grundsätzlich gerade *nicht* statt. Auf Gleichwertigkeit des angegriffenen und des durch die Notwehrhandlung verletzten Rechtsguts kommt es nicht an. *Verhältnismäßigkeit braucht nur zwischen Angriff und Abwehr gegeben zu sein*, vgl. *Fischer*, StGB, § 32, Rn 28 ff. (speziell Rn 31).

[186] *Gegenwärtig* ist ein Angriff, wenn er unmittelbar bevorsteht, gerade im Gang ist oder noch fortdauert, vgl. *Degener, Wilhelm/Brand, Thomas/Pampuch, Christopher/Faridy, Soroush*, Anfängerklausur - Strafrecht: Sprung in der Schüssel, JuS 2/2018 S. 141 (143), mit weiteren Nachweisen.

[187] Angriff ist die von menschlichem Verhalten ausgehende Bedrohung von Individualrechtsgütern, vgl. *Degener, Wilhelm/Brand, Thomas/Pampuch, Christopher/Faridy, Soroush*, Anfängerklausur - Strafrecht: Sprung in der Schüssel, JuS 2/2018 S. 141 (143), mit weiteren Nachweisen.

[188] Straftaten gegen die *sexuelle Selbstbestimmung* (§§ 174 ff. StGB) bleiben außer Betracht.

[189] Das Notwehrrecht beruht auf *zwei Säulen*. Zum einen dient es dem *Schutz des Angegriffenen (Schutzprinzip)*. Zum anderen tritt der in Notwehr Handelnde zugleich *für den Bestand der gesamten Rechtsordnung* ein. Die *Erforderlichkeit* scheitert also nicht bereits daran, dass der Angegriffene die Möglichkeit hat, sich dem Angriff durch Flucht zu entziehen (*„Das Recht braucht dem Unrecht nicht zu weichen"*). Nach dem Gesetzeswortlaut kann bei der Notwehr *die Tötung des Angreifers* entsprechend der Intensität seines Angriffs nicht nur zum Schutz von von Leib und Leben, sondern beim Versagen aller sonst in Betracht kommenden Abwehrmöglichkeiten als letztes Mittel (*ultima ratio*) auch *zur Verteidigung von Sachwerten* zulässig sein, vgl. *Wessels/Beulke*, Strafrecht Allgemeiner Teil, § 8 V 2, Rn 339, mit Verweis auf BGH StV 82, 219; BGH, NJW 03, 1955. Ein Täter kann also durchaus gerechtfertigt sein, wenn er einen Einbrecher mangels anderer Möglichkeiten, den Angriff abzuwehren (Warnschuss, Schuss ins Bein), erschießt. Eine Ausnahme macht das Erfordernis der *Gebotenheit*. Danach sind *sozialethische Einschränkungen des Notwehrrechts* zu machen, zum Beispiel bei *ungezielten Angriffen von Kindern, ersichtlich Irrenden oder schuldlos Handelnden oder wenn die Folgen der Abwehr in grobem Missverhältnis zum drohenden Schaden stehen.* Häufig bemüht wird das Beispiel des gelähmten Gartenbesitzers, der mit dem Luftgewehr die Stare von seinen Kirschbäumen fern hält. Wenn nun ein Schuljunge in den Baum steigt, um sich einige Kirschen zu pflücken, darf ihn der Gartenbesitzer natürlich nicht mit einem gezielten Schuss auf den Körper aus den Bäumen holen, auch wenn der Junge auf Warnschüsse nicht reagiert und angesichts der körperlichen Einschränkungen des Täters keine anderen Abwehrmöglichkeiten bestehen. Von einem gegenwärtigen, rechtswidrigen Angriff des Jungen auf das Eigentum des Gartenbesitzers ist zwar zweifelsohne auszugehen. Auch ist ist der Schuss auf den Körper erforderlich, das heißt das relativ mildeste Mittel, um den Angriff endgültig abzuwehren. Aber natürlich das Gewicht eines Angriffs durch ein Kind auf ein paar Kirschen und das Abwehrmittel eines gezielten Schusses derart außer Verhältnis, dass der Gartenbesitzer weder nach dem *Schutzprinzip* noch nach dem *Rechtsbewährungsgedanken* gerechtfertigt sein kann. (*Wessels/Beulke*, Strafrecht Allgemeiner Teil, § 8 V 2, Rn 343, 344). Umgekehrt kann etwa eine Ohrfeige gegenüber einem Kind in der Schulbetreuung durch Notwehr gerechtfertigt sein, wenn eine Flucht die sofortige Beendigung des Angriffs nicht ohne Weiteres erwarten lässt (OLG Düsseldorf, Beschluss vom 2.6.2016, -III-1 Ws 63/16; BeckRS 2016, 14622; JuS 1/2017, S. 81).

jedoch durchaus ausgereicht, um sich zu wehren und – falls das nicht geholfen hätte – ein sanftes Beiseiteschieben des Zeugen Klein. Schließlich ist der Angeklagte durchaus kräftig gebaut, sodass ihm dies auch zuzumuten gewesen wäre. *Notwehr beziehungsweise Nothilfe kommen daher nicht in Betracht.*[190] Die *Körperverletzung* ist darüber hinaus eine *gefährliche.* Zum einen erfolgte dieselbe *mittel eines gefährlichen Werkzeugs,*[191] denn solche stellen die schweren Winterstiefel, die der Angeklagte trug, durchaus dar. *Ein gefährliches Werkzeug ist nach der in der ständigen Rechtsprechung verwendeten Formel ein solches, das nach seiner objektiven Beschaffenheit und nach der Art seiner Benutzung im Einzelfall geeignet ist, erhebliche Körperverletzungen zuzufügen.*[192] Gefährliche Werkzeuge können grundsätzlich auch *Bekleidungs- oder Ausrüstungsgegenstände* des Täters sein. *Nach ständiger Rechtsprechung ist dies in der Regel ein schwerer, fester Schuh,*[193] wie in diesem Fall. Zuweilen reichte sogar ein normaler Straßenschuh aus, wenn dieser entsprechend gefährlich verwendet wurde, zumal bei Tritten in Gesicht und Unterleib.[194] Des Weiteren erfolgte die Körperverletzung *mittels einer das Leben gefährdenden Behandlung.*[195] Dabei genügt es, dass die Art der Behandlung nach den Umständen des Einzelfalls *generell* geeignet ist, das Leben zu gefährden. Eine *konkrete* Gefährdung des Lebens durch die Behandlung, wie sie hier aber nichtsdestotrotz vorlag, ist nicht einmal erforderlich.[196] Es kommt alleine darauf an, dass die *Behandlung abstrakt lebensgefährlich* erscheint. Auf die *konkret* eingetreten Verletzungen kommt es insoweit gar nicht an. Die Gefahr muss sich *nicht* realisiert haben.[197] Diese Voraussetzungen sind bei Tritten mit schweren Stiefeln in den Bauch und in die Weichteile eindeutig gegeben.

---

[190] § 32 StGB (Notwehr):
„(1) Wer eine Tat begeht, die *durch Notwehr geboten* ist, handelt *nicht rechtswidrig.*
(2) Notwehr ist die *Verteidigung, die erforderlich ist, um einen gegenwärtigen rechtswidrigen Angriff von sich oder einem anderen abzuwenden.*"
„*Nothilfe*" bezeichnet eine *Rettungshandlung zugunsten des Rechtsguts eines anderen,* „*Notwehr*" den *Schutz eines eigenen Rechtsguts des Täters.*

[191] § 224 Abs. 1 Nr. 2 2. Alt. StGB.

[192] *Fischer,* StGB, § 224, Rn 9, mit Verweis auf BGH 3, 109; 14, 152, 154; 30, 375, 377.

[193] *Fischer,* StGB, § 224, Rn 9c, mit Verweis auf NStZ 84, 329; NStZ 10, 151 (*Dienstschuh eines Polizeibeamten*).

[194] *Fischer,* StGB, § 224, Rn 9c, mit Verweis auf BGH 30, 376.

[195] § 224 Abs. 1 Nr. 5 StGB.

[196] *Fischer,* StGB, § 224, Rn 12, mit Verweis auf BGH 2, 163; NJW 02, 3264; NStZ 04, 618; 05, 156, 157; 10, 276.

[197] *Fischer,* StGB, § 224, Rn 12.

Die Voraussetzungen der *Qualifikationen des* § 224 Absatz 1 Nummer 1 2. Alternative und Nummer 5 StGB sind damit erfüllt. Die gefährliche Körperverletzung sieht auf der *Rechtsfolgenseite Freiheitsstrafe von sechs Monaten bis zu zehn Jahren* vor, in minder schweren Fällen Freiheitsstrafe von drei Monaten bis zu fünf Jahren. Ein minder schwerer Fall liegt schon angesichts der schweren Verletzungen des Opfers nicht vor. Bei der *Strafzumessung*[198] ist *zu Lasten des Angeklagten* zu berücksichtigen, dass er *bereits einschlägig wegen Körperverletzung* vorbestraft ist,[199] er ist also *Wiederholungstäter. Zu Gunsten des Täters* ist zu berücksichtigen, dass er vom Zeugen Klein durch das Ansprechen und — ich nenne es jetzt einfach mal umgangssprachlich das *Anmachen* seiner Freundin und jetzigen Verlobten – *provoziert* wurde, auch wenn er natürlich *völlig überzogen* und in keiner zu entschuldigenden Weise reagiert hat. Insgesamt halte ich daher eine *Freiheitsstrafe von zwei Jahren und drei Monaten für tat- und schuldangemessen.*"

„Danke, Frau Staatsanwältin. Herr Verteidiger, Ihr *Plädoyer*, bitte."

Der Verteidiger erhob sich.

---

[198] § 46 StGB (*Grundsätze der Strafzumessung*):
(1) *Die Schuld des Täters ist Grundlage für die Zumessung der Strafe. Die Wirkungen, die von der Strafe für das künftige Leben des Täters in der Gesellschaft zu erwarten sind, sind zu berücksichtigen.*
(2) *Bei der Zumessung wägt das Gericht die Umstände, die für und gegen den Täter sprechen, gegeneinander ab.* Dabei kommen *namentlich* in Betracht:
die Beweggründe und die Ziele des Täters, besonders auch rassistische, fremdenfeindliche oder sonstige menschenverachtende,
die Gesinnung, die aus der Tat spricht, und der bei der Tat aufgewendete Wille,
das Maß der Pflichtwidrigkeit,
die Art der Ausführung und die verschuldeten Auswirkungen der Tat,
das Vorleben des Täters, seine persönlichen und wirtschaftlichen Verhältnisse sowie
sein Verhalten nach der Tat, besonders sein Bemühen, den Schaden wiedergutzumachen, sowie das Bemühen des Täters, einen Ausgleich mit dem Verletzten zu erreichen.
(3) *Umstände, die schon Merkmale des gesetzlichen Tatbestandes sind, dürfen nicht berücksichtigt werden.*

[199] *Wichtig* ist, dass das *fehlende Geständnis* des Angeklagten *nicht* strafschärfend berücksichtigt werden darf. Ein aufgrund des *Nemo tenetur-Grundsatzes*, nach dem sich *niemand selbst belasten muss bzw. sogar zum Tathergang lügen darf*, schweigender oder leugnender Angeklagter kann weder Reue noch Schuldeinsicht zeigen, sich zum Schadensersatz bereit erklären oder sich um eine Schadenswiedergutmachung oder eine Ausgleich mit dem Opfer bemühen, ohne seine Verteidigungsposition aufzugeben. *Eine strafschärfende Berücksichtigung dieser Gesichtspunkte ist daher rechtsfehlerhaft,* vgl. *Fischer*, StGB, § 46, Rn 50b, mit weiteren Nachweisen.
Auch der Umstand, dass der Angeklagte das Opfer mit den Schuhen lebensgefährlich traktierte, darf nicht zu Lasten des Täters gewürdigt werden, da dies bereits Teil der Qualifikation in § 224 Abs. 1 Nr. 5 StGB ist, und daher schon strafrahmenverschiebend gewirkt hat. Eine nochmalige Berücksichtigung auf der Rechtsfolgenseite wäre daher eine *unzulässige Doppelberücksichtigung* eines *einzigen* Umstandes, vgl. § 46 Abs. 3 StGB.

„Danke, *Herr Vorsitzender, Frau Staatsanwältin*, sind wir ehrlich. Natürlich hat der Zeuge Klein die Zeugin weder sexuell belästigt noch hat er sie beleidigt. Im Gegenteil: Er bekundete ihr seine Zuneigung. Eine Belästigung oder Beleidigung kann ich in seinem Verhalten, insbesondere in der Betitelung der Zeugin Müller als *Sahneschnitte* und dem Zustecken der Telefonnummer, nicht erkennen. Beleidigt wurde allenfalls der Angeklagte selbst, da ihn der Zeuge Klein durch sein Verhalten insgesamt *missachtete und nicht achtete*, indem er die Zeugin Müller in Anwesenheit des Angeklagten *anmachte* und ihr gegenüber bekundete, dass sie bei ihm besser aufgehoben sei als beim Angeklagten. Eine Rechtfertigung durch Notwehr kommt nicht in Betracht. Die rechtlichen Ausführungen der Staatsanwaltschaft hierzu bei einem von vornherein abwegig erscheinenden Notwehrrecht sollen offensichtlich überdecken, dass die Frage der Provokation des Angeklagten *auf der Ebene der Strafzumessung* intensiver zu diskutieren ist, als es die Staatsanwältin hier und heute getan hat. Wie die Kollegin schon so salopp festgestellt hatte, durfte sich der Angeklagte *durchaus* provoziert fühlen. Bei der Strafzumessung muss diesem Umstand doch einiges Gewicht zugemessen werden, denn – sind wir noch einmal ehrlich – wer von uns würde sich das schon gefallen lassen, dass sich ein wildfremder Mensch unserem Partner oder unserer Partnerin auf eine derartige Weise annähert. *Ich* jedenfalls nicht. Nun bin *ich* aber ein Akademiker und kann mich – im Gegensatz zum Angeklagten – verbal gut ausdrücken, habe andere Umgangsformen gelernt. *Ich* wäre also zum Zeugen Klein hingegangen und hätte ihn zur Rede gestellt. *Ich* hätte ihn gefragt, was ihm einfällt, meine Freundin anzumachen. Ich hätte ihm gesagt, dass nicht ich der Versager sei, sondern er, und dass er verschwinden solle. Und *ich* hätte ihn – falls das alles nichts geholfen hätte – ein wenig zur Seite geschubst. *Nicht mehr, aber auch nicht weniger!* Aber wie verhält sich das Ganze *beim Angeklagten*? Nun, der Angeklagte wuchs in wirklich schwierigen Verhältnissen auf. Schon als kleiner Junge wurde er von seinen Eltern, alkohol- und drogenabhängigen Menschen, körperlich und seelisch misshandelt und vernachlässigt. Eines Tages drückte der Vater eine Zigarette auf dem Arm des sechsjährigen Jungen aus, weil dieser ungehorsam gewesen sei. Nachdem das Jugendamt endlich eingegriffen hatte, wuchs er abwechselnd in Pflegefamilien und Kinderheimen auf. Den Samen der Gewalt, den seine leiblichen Eltern in ihn gepflanzt hatten, bekam er leider nicht mehr los. Schließlich kam es zu ersten leichteren Gewalt-, Drogen- und Eigentumsdelikten. Dies ist sehr bedauerlich, doch dürfen *wir aus unserer Sicht* darüber urteilen, die wir mutmaßlich alle, die hier heute über diesen Fall verhandeln, glücklicheren familiären Verhältnissen entspringen, eine bessere Sozialisation genossen haben? Nun, ich denke *nicht*. *Ich* denke, man muss die gewalttätigen und sicherlich auch

traumatischen Kindheits- und Lebenserfahrungen des Angeklagten berücksichtigen. Darüber hinaus ist zu berücksichtigen, dass sich der Angeklagte gegen einen intelligenten, gut aussehenden Mann wie der Zeugen Klein unbestritten einer ist, nicht mit Worten wehren konnte. Dazu wäre er gar nicht in der Lage, da ihm die notwendige Eloquenz fehlt. Die einzige Art, sich zu wehren, die der Angeklagte gelernt hat, ist Gewalt. Aber – und das sei dem Hohen Gericht versichert – der Angeklagte arbeitet daran, seine Aggressionen besser zu beherrschen. Seit etwa zwei Monaten schon besucht er ein Anti-Aggressionstraining, in dem er lernt, seine Aggressionen zu zügeln und Konflikte verbal zu lösen. Auch hat er den Kontakt zu seinen ehemaligen Freunden aus dem Gewalt- und Drogenmilieu bereits abgebrochen. Eine *Freiheitsstrafe von unter zwei Jahren*[200] halte ich daher für völlig *tat- und schuldangemessen*. Diese Strafe kann und muss *zur Bewährung ausgesetzt* werden, denn es ist *nicht davon auszugehen, dass der Angeklagte noch weitere Straftaten begehen wird*. Die hier und heute ausgesprochene Strafe wird ihm Warnung genug sein, davon bin ich überzeugt."

Der Verteidiger setzte sich wieder.

„Danke, Herr Verteidiger", sagte der Richter. „Herr Kramer, als Angeklagter haben Sie *das letzte Wort*.[201] Wollen Sie noch etwas sagen, bevor sich das Gericht zur Entscheidungsfindung zurückzieht?"

Der Angeklagte schüttelte resigniert den Kopf. „Ich kann mich nur den Ausführungen meines Verteidigers anschließen", meinte er traurig. „Ich versuche mich zu bessern und würde die Situation heute anders lösen. Es tut mir leid, was ich getan habe." Die Worte

---

[200] Der Verteidiger beantragt eine Freiheitsstrafe von unter zwei Jahren, da dies die Höchststrafe ist, bis zu der noch die Strafe zur Bewährung ausgesetzt werden kann, vgl. § 56 StGB:
„(1) Bei der Verurteilung zu Freiheitsstrafe von nicht mehr als einem Jahr setzt das Gericht die Vollstreckung der Strafe zur Bewährung aus, wenn zu erwarten ist, daß der Verurteilte sich schon die Verurteilung zur Warnung dienen lassen und künftig auch ohne die Einwirkung des Strafvollzugs keine Straftaten mehr begehen wird. Dabei sind namentlich die Persönlichkeit des Verurteilten, sein Vorleben, die Umstände seiner Tat, sein Verhalten nach der Tat, seine Lebensverhältnisse und die Wirkungen zu berücksichtigen, die von der Aussetzung für ihn zu erwarten sind.
(2) Das Gericht kann unter den Voraussetzungen des Absatzes 1 auch die Vollstreckung einer höheren *Freiheitsstrafe, die zwei Jahre nicht übersteigt*, zur Bewährung aussetzen, wenn nach der Gesamtwürdigung von Tat und Persönlichkeit des Verurteilten *besondere Umstände* vorliegen. Bei der Entscheidung ist namentlich auch das *Bemühen des Verurteilten, den durch die Tat verursachten Schaden wiedergutzumachen*, zu berücksichtigen.
(3) Bei der Verurteilung zu Freiheitsstrafe von mindestens sechs Monaten wird die Vollstreckung nicht ausgesetzt, wenn die Verteidigung der Rechtsordnung sie gebietet.
(4) Die Strafaussetzung kann nicht auf einen Teil der Strafe beschränkt werden. Sie wird durch eine Anrechnung von Untersuchungshaft oder einer anderen Freiheitsentziehung nicht ausgeschlossen.

[201] Vgl. § 258 Abs. 2 2. Hs. StPO.

seines Verteidigers schienen ihm spürbar zugesetzt zu haben. Christian nahm ihm seine Reue durchaus ab, auch wenn sie etwas spät kam.

Daraufhin erhob sich der Richter und verließ den Gerichtssaal durch eine Tür hinter ihm. Ein paar Minuten später betrat er den Gerichtssaal erneut und alle Anwesenden erhoben sich.

„*Im Namen des Volkes ergeht folgendes Urteil*", begann er. „*Der Angeklagte ist der gefährlichen Körperverletzung schuldig. Er wird daher zu einer Freiheitsstrafe von zwei Jahren verurteilt. Der Angeklagte trägt die Kosten des Verfahrens.*[202] Bitte nehmen Sie Platz."

Nachdem sich alle Anwesenden hingesetzt hatten, fuhr er fort.

„Zu den *Gründen*: Ich bin davon *überzeugt*[203], dass der Angeklagte am Abend des zwölften Januar 2017 den Zeugen Klein mit der Faust niedergeschlagen hat und ihn, als dieser bereits wehrlos am Boden lag, weiter mit schweren Stiefeln in den Bauch und in die Weichteile trat, sodass dem Opfer schwere Verletzungen zugefügt werden mussten. Dies ergibt sich zweifelsfrei aus der *Vernehmung der Zeugin Hannemann*, dem *ärztlichen Gutachten* vom 13. Februar 2017 und der *Inaugenscheinnahme* der Stiefel, die der Angeklagte bei der Tat getragen hat und die vom Zeugen Klein und der Zeugin Hannemann wiedererkannt wurden. Wie die Staatsanwaltschaft richtig ausgeführt hat, geschah dies *mittels eines gefährlichen Werkzeugs und durch eine lebensgefährliche Behandlung*. Die Körperverletzung ist mithin als gefährliche zu werten. Der Strafrahmen bewegt sich *zwischen einer Freiheitsstrafe von sechs Monaten bis zu zehn Jahren*. Mit zwei Jahren bewegen wir uns also am unteren Ende der Skala. Dabei war zu berücksichtigen, dass der Angeklagte in schwierigen Verhältnissen aufwuchs. Er wurde selbst Opfer von grausamen Straftaten, begangen von den eigenen Eltern. Ich mag mir gar nicht vorzustellen, welche Auswirkungen derartige Erfahrungen auf ein unschuldiges Kind haben müssen. Auch war *zu Gunsten* des Angeklagten zu berücksichtigen, dass er sich bereits in einem Anti-Aggressionstraining befindet und versucht, der Gewaltspirale zu entfliehen, auch indem er den Kontakt zu schädlichen Individuen bereits abgebrochen hat. Dennoch kam eine *Aussetzung der Strafe zur Bewährung nicht* in Betracht. Eine *gute*

---

[202] § 465 Abs. 1 S. 1 StPO (*Kostentragungspflicht des Verurteilten*):
„(1) Die *Kosten des Verfahrens* hat der *Angeklagte* insoweit zu tragen, als sie durch das Verfahren wegen einer Tat entstanden sind, wegen derer er *verurteilt* oder eine Maßregel der Besserung und Sicherung gegen ihn angeordnet wird."

[203] § 261 StPO (*Grundsatz der freien richterlichen Beweiswürdigung*):
Über das Ergebnis der Beweisaufnahme entscheidet das Gericht nach seiner freien, aus dem Inbegriff der Verhandlung geschöpften Überzeugung.

Sozialprognose mag ich schon deswegen *nicht* erkennen, da der Angeklagte noch vor ein paar Minuten erneut auf den Zeugen Klein losgehen wollte, obwohl wir uns hier in einem Gerichtssaal befinden, der ein gewisses Maß an Respekt verlangt, den der Angeklagte leider vermissen ließ. Ich glaube also nicht, dass er bereits soweit ist, die Aggressionen im Alltag in den Griff zu bekommen. Die *besonderen Umstände*,[204] die das Gesetz für die Aussetzung der Freiheitsstrafe zur Bewährung verlangt, vermag ich hier *nicht* zu erkennen. Gegen das Urteil gibt es das *Rechtsmittel der Berufung*[205] *oder Revision*[206], *einzulegen binnen einer Woche.* Ihr Verteidiger wird Sie dazu beraten. *Die Verhandlung ist geschlossen.*"

Der Richter verließ den Saal. Alle anderen Anwesenden taten es ihm gleich, auch der Angeklagte, mit hängenden Schultern und resigniertem Gesichtsausdruck. Dies verwunderte Christian. *War er denn nicht gerade eben zu einer Freiheitsstrafe ohne Bewährung verurteilt worden?*

---

[204] § 56 Abs. 2 StGB: „Das Gericht kann unter den Voraussetzungen des Absatzes 1 auch die Vollstreckung einer höheren *Freiheitsstrafe, die zwei Jahre nicht übersteigt,* zur Bewährung aussetzen, wenn nach der Gesamtwürdigung von Tat und Persönlichkeit des Verurteilten *besondere Umstände* vorliegen. Bei der Entscheidung ist namentlich auch das *Bemühen des Verurteilten, den durch die Tat verursachten Schaden wiedergutzumachen,* zu berücksichtigen."

[205] § 312 StPO (*Zulässigkeit*):
„Gegen die Urteile des Strafrichters und des Schöffengerichts ist *Berufung* zulässig."
§ 314 Abs. 1 StPO (*Form und Frist*):
„Die Berufung muß bei dem Gericht des ersten Rechtszuges *binnen einer Woche nach Verkündung des Urteils* zu Protokoll der Geschäftsstelle oder schriftlich eingelegt werden."
Die Berufung ist eine *neue Tatsachen- und Rechtsinstanz,* d. h. es wird komplett neu verhandelt. Zuständig ist das *Landgericht* (§ 74 Abs. 3 GVG), dort die *Kleine Strafkammer,* die mit einem *Berufsrichter und zwei Schöffen* besetzt ist (§ 76 GVG)

[206] § 333 StPO Abs. 1 und 2 StPO (*Sprungrevision*):
„(1) Ein Urteil, gegen das Berufung zulässig ist, kann statt mit Berufung mit *Revision* angefochten werden.
(2) Über die Revision entscheidet das *Gericht, das zur Entscheidung berufen wäre, wenn die Revision nach durchgeführter Berufung eingelegt worden wäre.*"
Die Revision ist *keine neue Tatsacheninstanz,* es wird lediglich das Urteil der vorherigen Instanz auf *Rechtsfehler* überprüft. Zuständig für Revisionen gegen erstinstanzliche Urteile des Amtsgerichts (*Sprungrevision*) ist das *Oberlandesgericht* (§ 121 Abs. 1 Nr. 1b GVG). Die *Senate* der Oberlandesgerichte entscheiden, soweit nicht nach den Vorschriften der Prozessgesetze an Stelle des Senats der Einzelrichter zu entscheiden hat, in der Besetzung von *drei Mitgliedern mit Einschluss des Vorsitzenden* (§ 122 Abs. 1 GVG).
In Strafsachen ist der *Bundesgerichtshof* in Karlsruhe zuständig zur Verhandlung und Entscheidung über das Rechtsmittel der *Revision gegen die Urteile der Oberlandesgerichte im ersten Rechtszug sowie gegen die Urteile der Landgerichte im ersten Rechtszug,* soweit nicht die Zuständigkeit der Oberlandesgerichte begründet ist (§ 135 Abs. 1 GVG). Der *Bundesgerichtshof* entscheidet durch einen seiner Strafsenate (§ 130 Abs. 1 GVG). Dieser ist mit *fünf Berufsrichtern einschließlich seines Vorsitzenden* besetzt (§ 139 Abs. 1 GVG).

„Warum darf auch der Angeklagte gehen?", fragte er also, während sich er und Olaf Wirth auf den Weg in Richtung Ausgang machten.

„Weil das Urteil noch nicht rechtskräftig ist und kein Haftbefehl erlassen wurde."

„Aber warum wurde denn kein Haftbefehl erlassen? Man kann doch einen verurteilten Verbrecher nicht einfach gehen lassen!", empörte sich Christian.

„Nun", beruhigte ihn Olaf, „zum einen ist – wie ich bereits bemerkt habe – das Urteil noch nicht rechtskräftig, da der Angeklagte noch eine Woche Zeit hat, Berufung oder Revision einzulegen. Es gilt also weiter die Unschuldsvermutung, ein verurteilter Verbrecher ist er also gerade noch nicht, denn jeder Angeklagte gilt bis zum rechtsförmlich erbrachten Beweis seiner Schuld als unschuldig.[207] Zum anderen sind an einen Haftbefehl hohe Hürden geknüpft, die hier sicherlich nicht erfüllt sind.[208] Ein dringender Tatverdacht ist natürlich gegeben. Aber ein Haftgrund, das heißt Fluchtgefahr oder Verdunkelungsgefahr, also die Gefahr, dass der Angeklagte Beweise vernichtet oder unzulässig auf Zeugen einwirkt und deshalb die Gefahr droht, dass die Ermittlung der Wahrheit erschwert werde, ist nicht ersichtlich."

---

[207] Dies ist der Wortlaut von Art. 48 Abs. 1 der GRCh (Charta der Grundrechte der Europäischen Union), die gem. Art. 51 Abs. 1 GRCh für die Organe, Einrichtungen und sonstigen Stellen der Europäischen Union unter Wahrung des Subsidiaritätsprinzips (dazu im nächsten Kapitel) und für die Mitgliedstaaten ausschließlich bei der Durchführung des Rechts der Union gilt. In Deutschland ergibt sich die Unschuldsvermutung aus dem Rechtsstaatsprinzip gem. Art. 20 Abs. 3 GG. In den Ländern des Europarats, wozu Deutschland derzeit mit 46 anderen Staaten gehört, gilt der Grundsatz darüber hinaus aufgrund von Art. 6 Abs. 2 EMRK (Europäische Menschenrechtskonvention): „Jede Person, die einer Straftat angeklagt ist, gilt bis zum gesetzlichen Beweis ihrer Schuld als unschuldig."

[208] § 112 Abs. 1 und 2 StPO:
„(1) Die Untersuchungshaft darf gegen den Beschuldigten angeordnet werden, wenn er der Tat dringend verdächtig ist und ein Haftgrund besteht. Sie darf nicht angeordnet werden, wenn sie zu der Bedeutung der Sache und der zu erwartenden Strafe oder Maßregel der Besserung und Sicherung außer Verhältnis steht.
(2) Ein Haftgrund besteht, wenn auf Grund bestimmter Tatsachen
1.
festgestellt wird, daß der Beschuldigte flüchtig ist oder sich verborgen hält,
2.
bei Würdigung der Umstände des Einzelfalles die Gefahr besteht, daß der Beschuldigte sich dem Strafverfahren entziehen werde (Fluchtgefahr), oder
3.
das Verhalten des Beschuldigten den dringenden Verdacht begründet, er werde
a)
Beweismittel vernichten, verändern, beiseite schaffen, unterdrücken oder fälschen oder
b)
auf Mitbeschuldigte, Zeugen oder Sachverständige in unlauterer Weise einwirken oder
c)
andere zu solchem Verhalten veranlassen,
und wenn deshalb die Gefahr droht, daß die Ermittlung der Wahrheit erschwert werde (Verdunkelungsgefahr)."

Dies leuchtet Christian nun wieder ein.

„Hier muss ich mich von dir verabschieden", sagte der Anwalt, als sie schließlich wieder vor dem imposanten Gerichtsgebäude standen. „Ich muss noch einem Staatsanwalt und alten Studienkollegen einen Besuch abstatten und mich mit ihm über einen meiner Fälle unterhalten. Es geht um Verkehrsdelikte – anders gesprochen: *besoffen Autofahren* – das dürfte dich weniger interessieren. Ich hoffe, ich konnte dir einen kleinen Einblick in das Strafrecht vermitteln und es hat auch ein wenig Spass gemacht."

„*Das hat es!*", rief Christian aus. Der heutige Tag hatte ihn restlos begeistert. Im Moment wollte er nichts anderes werden als Strafverteidiger. Auch Anna hatte er für den Moment völlig vergessen. Er machte sich direkt auf den Heimweg.

Fünf

Einblick in das Verwaltungs- und Europarecht

Am Freitag verschlief Christian. Offensichtlich hatte er vergessen, sich seinen Wecker auf sieben Uhr zu stellen, damit er rechtzeitig gegen halb acht Uhr im Büro wäre. Erst gegen acht Uhr weckte ihn seine Mutter. Es sei sehr untypisch für ihn, dass er verschlafe, sagte sie. Da hatte sie recht. Christian war ziemlich durch den Wind. Auch das Fussball-Training gestern Abend, welches ihm normalerweise heilig war, hatte er einfach vergessen. Das war ihm noch nie passiert. Der Tag mit dem engagierten Strafrechts-Anwalt hatte ihn einerseits fasziniert, andererseits ziemlich nachdenklich gemacht. Wie fragil das System doch war, dass *Unrecht* von *Recht*, von *Gerechtigkeit* trennte. Wie einfach es doch eigentlich war, das bestehende demokratische und rechtsstaatliche System durch ein anderes zu ersetzen. Das hatten der Nazi-Staat und die DDR ja gezeigt. Natürlich gab es auf dem Papier eine *Ewigkeitsklausel*, die einen Unrechtsstaat per Abstimmung verhindern sollte. Aber wie standhaft war unser Rechtsstaat gegen Angriffe von Rechts und Links *in der Realität*? Er wusste es nicht.

Eigentlich, hatte er letzte Nacht überlegt, spiegelt unser Rechtssystem die philosophischen Errungenschaften der letzen Jahrhunderte, insbesondere von *Hegel* und *Kant*, doch ganz gut wieder. Die *Menschenwürde als unantastbares, nicht abwägungsfähiges Rechtsgut*, das hatte schon fast etwas Erhabenes. Jedes Gesetz, das diese Würde abschaffen oder einschränken wollte, war zwar auf dem Papier immer noch ein Gesetz, immer noch „*Recht*", jedoch eines, welches *gegen das Naturrecht als Ergebnis einer Jahrhunderte lang währenden Aufklärung* verstieß. War es dann also tatsächlich noch „*Recht*", oder nicht bereits geschriebenes, *positiviertes „Unrecht"*? Obwohl es doch eigentlich selbstverständlich sein sollte, dass der Mensch *kein Objekt staatliches Handeln* sein darf, auch wenn man zum Beispiel eine Vielzahl an Menschen durch eine erzwungene Organtransplantation retten könnte oder durch den Abschuss eines Flugzeuges mit Unschuldigen ein ganzes Stadion voller Menschen. Aber auch ihm war diese Selbstverständlichkeit vor seinem Rechtspraktikum so nicht klar gewesen. Abstrakt formuliert, hatte er sich zurecht gelegt, *darf der Einzelne nie zur Disposition allein des Wohls der anderen stehen. Das Verbot, den einen zu verletzen, geht stets dem Gebot, anderen zu helfen, vor. Der Schutz der unantastbaren Menschenwürde stellt somit die*

Grenze der Verrechenbarkeit im Recht dar.[209] Wenn man das verstanden, *wirklich* verstanden und verinnerlicht hatte, dann hatte man sich den *Grundpfeiler des deutschen Rechts*, auf dem alles andere beruhte, bereits erarbeitet.

„Mama", sagte er beim eiligen Frühstück ohne Umschweife, „ich will Strafverteidiger werden." Sein Vater war zum Glück bereits auf dem Weg in die Arbeit. Sein Gesicht hätte diese Aussage sicherlich vor Wut auf seinen Bruder, der seinem Sohn derartige Flausen in den Kopf setzte, rot anschwellen lassen. Seine Mutter reagierte – wie immer – gelassener. Sie nahm ihn gar nicht erst ernst. Sie glaubte sicher, dass er seine Idee schnell wieder ad acta legen würde, so wie Judo, Basketball oder Klavierspielen, das er nach nicht einmal zwei Wochen frustriert wieder aufgegeben hatte. Zum Glück hatten sie sich das teure Teil damals in weiser Voraussicht seiner Mutter nur von einem Freund geliehen, anstatt gleich eines käuflich zu erwerben. Doch diesmal täuschte sie sich. Er war sich noch nie einer Sache so sicher gewesen...

„Na", lachte sie, „das werden wir ja noch sehen, ich glaube nicht, dass du *Mörder* und *Vergewaltiger* verteidigen willst, *oder?*"

Darauf erwiderte Christian lieber nichts. Wollte er das?, fragte er sich stattdessen selbst. Nach allem, was er gestern gelernt hatte, hatten *auch die schlimmsten Verbrecher Anspruch auf eine ordnungsgemäße Verteidigung. Einfach, weil es der Rechtsstaat und der Grundsatz des faires Verfahrens erforderten.* Also *ja*, er würde *alle* Mandanten verteidigen, die ihn beauftragten, auch wenn es ihm keinen Spass machen sollte.

Erst gegen halb zehn Uhr kam er im Büro an. Als er die Kanzlei betrat, grinste ihn Anna breit an. „Na," fragte sie ironisch, aber nicht bösartig, „da hat wohl einer verschlafen?"

Christians Herz fing sofort wieder an, heftig zu pumpen, obwohl er am gestrigen Tag und am heutigen Morgen vor lauter Strafrecht fast gar nicht an sie gedacht hatte. Doch jetzt, als er ihr goldenes Haar und ihr Engelsgesicht betrachtete, wurde es ihm wieder ganz flau und er vergaß kurz seinen Onkel, bei dem er sich doch für seine Verspätung entschuldigen wollte.

„Äh, ja", stammelte er, „ist mein Onkel da?", fragte er krächzend zurück, weil ihm nichts anderes einfallen wollte.

---

[209] vgl. *Seelmann/Denko*, Rechtsphilosophie, S. 244, Rn 5.

„Ja, er ist in seinem Büro und hat dich schon vermisst gemeldet. Sehe ich dich später nochmal? Ich würde mich freuen, wenn du nochmal vorbei schaust. Ich werde heute etwas früher, so gegen halb eins, gehen, weil ich einen Arzttermin habe. Heute Abend fahre ich dann zu meinen Großeltern nach Bamberg. Mein Opa wird 80 und feiert seinen Geburtstag."

„Ja, natürlich", entgegnete er, während er seine Selbstsicherheit wieder zurückgewann. Für weitere Worte war leider keine Zeit, da sein Onkel Steffen aus seinem Büro kam. Offensichtlich hatte er ihn sprechen hören, und kam nun lachend auf ihn zu.

„Mensch, Christian", begrüßte ihn sein Onkel erleichtert, „ich habe gerade schon mit deiner Mutter telefoniert. Ist doch kein Problem, wenn du verschläfst, aber du musst mir doch Bescheid geben. Dir hat wohl der Olaf gestern den Kopf vernebelt mit seinem Gerede von der Menschenwürde, Flugzeugabstürzen und unauflösbaren Konflikten? Ich kenne doch meinen Kollegen. Er kann sehr nachdrücklich sein und das Strafrecht spannender machen als es ist, nicht wahr?"

„Ja", erwiderte Christian, „das war ein intensiver und toller Tag im Strafrecht gestern. Ich konnte die halbe Nacht nicht schlafen…"

„Und lass mich raten: Jetzt willst du Strafverteidiger werden."

Christian grinste nur. Sein Onkel hatte den Nagel auf den Kopf getroffen.

„Na, da wird sich dein Vater aber freuen", kicherte Onkel Steffen, „und mich wird er umbringen. Naja, dann hast du ja gleich deinen ersten Fall."

Über diesen Witz konnte Christian nur verhalten lachen. Aber er war erleichtert, dass sein Onkel seinen Berufswunsch so gelassen hinnahm.

„Na, wenn das so ist, dann kann ich meine kleine Einführung in das Verwaltungs- und Europarecht, die ich für heute geplant habe, ja kurz und prägnant gestalten. Meine beiden Kollegen sind heute vor Gericht, also kannst du heute um halb eins mit Anna nach Hause gehen." Während er dies sagte, zwinkerte er Christian zu.

„Ich kann dich auch sehen, Steffen", sagte Anna süffisant, als sie von ihrem PC aufblickte.

„Na, das will ich doch hoffen!", konterte Onkel Steffen.

Er machte sich auf den Weg in sein Büro und winkte Christian, um ihm klar zu machen, dass er ihm folgen sollte.

„Vielleicht magst du ja heute Abend mit zum Geburtstag meiner Oma kommen", flüsterte Anna mit flatternder Stimme, so als ob sie lange überlegt hatte, ob sie Christian diese Frage wirklich stellen sollte und sich am Ende dazu durchgerungen hatte.

„Ja, gerne!", antwortete Christian viel zu laut und wie aus der Pistole geschossen.

„Das freut mich sehr", meinte Anna schüchtern und lächelte ihn sanft an. Christian lief rot an und grinste dämlich zurück. Er wusste nicht, was er noch sagen sollte. Dann rief auch schon sein Onkel nach ihm. Also ging er schweren Herzens in dessen Büro. Was interessierte ihn jetzt noch das Verwaltungsrecht? Das war doch bestimmt eh langweilig.

„So, genug geflirtet, Neffe", begann sein Onkel und lachte einmal mehr. „Jetzt erzähl ich dir noch ein bisschen was, ob du nun willst oder nicht. „Ich werde meine Unterrichtseinheit diesmal als Monolog ausgestalten, denn mit dir ist heute, glaub ich, eh nicht viel anzufangen." Christian erwiderte erneut nichts. Sein Onkel hatte ja *so* recht. In Gedanken war er immer noch bei Anna.

„Also", fuhr sein Onkel gnadenlos fort, „*wie* die Gesetze gemacht werden, haben wir uns ja schon erarbeitet. Neben *formellen Parlamentsgesetzen* gibt es aber noch ein paar weitere abstrakt-generelle Rechtsquellen, die du kennen solltest. Da ist zum einen die *Rechtsverordnung*. Durch sie kann auf Bundes- und Landesebene die jeweilige *Regierung* oder auch ein einzelnes *Ministerium* Regelungen zu einzelnen Themenbereichen erlassen, wenn es hierzu in einem Gesetz die *Ermächtigung* gibt. Gemäß Artikel 80 Absatz 1 Satz 2 Grundgesetz müssen dabei aber *Inhalt, Zweck und Ausmaß* der erteilten Ermächtigung *im Gesetze* bestimmt werden.[210] Auch darf der Gesetzgeber nichts Wesentliches in die Hand der Exekutive legen, nach der deshalb sogenannten *Wesentlichkeitstheorie* muss der Gesetzgeber *alle wesentlichen Fragen* selbst regeln. Dies gilt für *grundrechtliche Eingriffe* natürlich schon aufgrund des *Vorbehalt des Gesetzes*. Nach diesem Grundsatz dürfen *Eingriffe in Grundrechte* immer nur *aufgrund eines formellen Parlamentsgesetzes* erfolgen. Aber auch in der *Leistungsverwaltung*, also wenn der Staat *für den Bürger* tätig wird, etwa bei Geldleistungen, muss aufgrund des Demokratie- und des Rechtsstaatsprinzips der Vorbehalt des Gesetzes gelten, jedenfalls dann, wenn der Gewährung einer Leistung eine wesentliche Bedeutung zukommt und sie für einen längeren Zeitraum gegenüber einem im Vorhinein nicht feststehenden Personenkreis vorgesehen ist. Es darf nämlich nicht durch die Verwaltung ein *gesetzesunabhängiges, quasinormatives Rechtsetzungsrecht* ohne eine gesetzliche

---

[210] Art. 80 Abs. 1 GG: „*Durch Gesetz* können die *Bundesregierung, ein Bundesminister oder die Landesregierungen ermächtigt* werden, *Rechtsverordnungen* zu erlassen. *Dabei müssen Inhalt, Zweck und Ausmaß der erteilten Ermächtigung im Gesetze bestimmt werden. Die Rechtsgrundlage* ist in der Verordnung *anzugeben.* Ist durch Gesetz vorgesehen, daß eine Ermächtigung weiter übertragen werden kann, so bedarf es zur Übertragung der Ermächtigung einer Rechtsverordnung."

Ermächtigungsgrundlage geschaffen würde.[211] Die Rechtsverordnung nach deutschem Recht ist aber unbedingt von den *Verordnungen der Europäischen Union* zu unterscheiden, die von der EU, das heißt – nach Initiative durch die *Europäische Kommission*,[212] die so etwas wie die *Exekutive der Europaschen Union* darstellt – in der Regel durch den *Rat der Europäischen Union*[213], in dem die Regierungschefs oder die jeweiligen Fachminister der Mitgliedstaaten sitzen, und das *Europäische Parlament,*[214] erlassen werden.[215] Diese Verordnungen gelten in der gesamten Europäischen Union *unmittelbar,* sind also von allen Behörden und Gerichten zu beachten.[216] Wie die Richtlinien haben die Verordnungen der EU *Anwendungsvorrang* vor den deutschen Gesetzen und im Grundsatz auch *vor der Verfassung.*[217] Eine Ausnahme macht das Bundesverfassungsgericht lediglich dann, wenn mit dem Vollzug der Unionsregeln eine Berührung der von Artikel 79 Absatz 3 Grundgesetz geschützten *Verfassungsidentität*

---

[211] *Kopp/Schenke,* VwGO (*Verwaltungsgerichtsordnung*), § 42, Rn 125.

[212] Art. 17 Abs. 1 und 2 EUV (*Vertrag über die Europäische Union*):
„(1) Die Kommission fördert die allgemeinen Interessen der Union und ergreift geeignete Initiativen zu diesem Zweck. Sie sorgt für die Anwendung der Verträge sowie der von den Organen kraft der Verträge erlassenen Maßnahmen. Sie überwacht die Anwendung des Unionsrechts unter der Kontrolle des Gerichtshofs der Europäischen Union. Sie führt den Haushaltsplan aus und verwaltet die Programme. Sie übt nach Maßgabe der Verträge Koordinierungs-, Exekutiv- und Verwaltungsfunktionen aus. Außer in der Gemeinsamen Außen- und Sicherheitspolitik und den übrigen in den Verträgen vorgesehenen Fällen nimmt sie die Vertretung der Union nach außen wahr. Sie leitet die jährliche und die mehrjährige Programmplanung der Union mit dem Ziel ein, interinstitutionelle Vereinbarungen zu erreichen.
(2) Soweit in den Verträgen nichts anderes festgelegt ist, darf ein Gesetzgebungsakt der Union *nur auf Vorschlag der Kommission* erlassen werden. Andere Rechtsakte werden auf der Grundlage eines Kommissionsvorschlags erlassen, wenn dies in den Verträgen vorgesehen ist."
Weitere Einzelheiten zur Europäischen Kommission sind in den übrigen Absätzen von Art. 17 EUV und in 244 ff. AEUV (*Vertrag über die Arbeitsweise der Europäischen Union*) geregelt.

[213] Art. 16 Abs. 2 EUV: „Der Rat besteht aus *je einem Vertreter jedes Mitgliedstaats auf Ministerebene,* der befugt ist, für die Regierung des von ihm vertretenen Mitgliedstaats verbindlich zu handeln und das Stimmrecht auszuüben." Die Funktionsweise des Rates ist in Art. 16 EUV und Art. 237 ff. AEUV geregelt.

[214] Art. 14 Abs. 1 EUV: „Das *Europäische Parlament* wird *gemeinsam mit dem Rat als Gesetzgeber* tätig und übt gemeinsam mit ihm die Haushaltsbefugnisse aus. Es erfüllt Aufgaben der politischen Kontrolle und Beratungsfunktionen nach Maßgabe der Verträge. Es wählt den Präsidenten der Kommission."

[215] Das *ordentliche Gesetzgebungsverfahren* ist in Art. 294 AEUV geregelt.

[216] Art. 288 Abs. 2 AEUV: „*Die Verordnung hat allgemeine Geltung. Sie ist in allen ihren Teilen verbindlich und gilt unmittelbar in jedem Mitgliedstaat.*" Ein Beispiel für eine Verordnung ist etwa die DSGVO (*Datenschutz-Grundverordnung*).

[217] EuGH (*Europäischer Gerichtshof*), Urteil vom 15.7.1964, Rs. 6/64, Slg. 1964, S. 1251 ff. - *Costa/ENEL.* EuGH, Urteil vom 17.12.1970, Rs. 11/70, Slg. 1970, S. 1125 ff. - *Internationale Handelsgesellschaft/Einfuhr- und Vorratsstelle für Getreide und Futtermittel.*

einherginge, wenn also die dir schon reichlich bekannte *Ewigkeitsklausel des Grundgesetzes verletzt* würde.[218] Der Unterschied zwischen der Verordnung und der Richtlinie besteht aber darin, dass die Richtlinie *in deutsches Recht umgesetzt* werden muss, also nicht unmittelbar gilt, und den Mitgliedstaaten in der Regel einen Entscheidungsspielraum belässt, wie sie manche Fachfragen im Detail umsetzen.[219] Dabei muss die EU als Ganzes darauf achten, dass sie gemäß dem *Prinzip der begrenzten Einzelermächtigung* handelt, also nur in dem Rahmen, in welchem ihr die Mitgliedstaaten Kompetenzen überschrieben haben.[220] Und sie darf im Rahmen ihrer fast schon unüberschaubar gewordenen Kompetenzen wiederum nur im Rahmen des sogenannten *Subsidiaritätsprinzipes* tätig werden: In den Bereichen, die nicht in die ausschließliche Zuständigkeit[221] der Union fallen, darf sie *nur* tätig werden, *sofern und*

---

[218] Vgl. *Knappe, Lukas,* BVerfG: Identitätskontrolle im Rahmen der Verfassungsbeschwerde, http://www.juraexamen.info/bverfg-identitaetskontrolle-im-rahmen-einer-verfassungsbeschwerde/ (zuletzt abgerufen am 1.12.2018), mit Verweis auf BVerfGE 113, 273 (296); 123, 267 (348); 134, 366 (384).

[219] Art. 288 Abs. 3 AEUV: *„Die Richtlinie ist für jeden Mitgliedstaat, an den sie gerichtet wird, hinsichtlich des zu erreichenden Ziels verbindlich, überlässt jedoch den innerstaatlichen Stellen die Wahl der Form und der Mittel."* Ein Beispiel für eine Richtlinie ist etwa die *Verbrauchsgüterkaufrichtlinie (Richtlinie 1999/44/EG des Europäischen Parlaments und des Rates vom 25. Mai 1999 zu bestimmten Aspekten des Verbrauchsgüterkaufs und der Garantien für Verbrauchsgüter).*

[220] Art. 5 Abs. 1 und 2 EUV:
„(1) Für die Abgrenzung der Zuständigkeiten der Union gilt der *Grundsatz der begrenzten Einzelermächtigung.* Für die Ausübung der Zuständigkeiten der Union gelten die *Grundsätze der Subsidiarität und der Verhältnismäßigkeit.*
(2) Nach dem Grundsatz der begrenzten Einzelermächtigung wird die Union *nur innerhalb der Grenzen der Zuständigkeiten tätig, die die Mitgliedstaaten ihr in den Verträgen zur Verwirklichung der darin niedergelegten Ziele übertragen haben.* Alle der Union nicht in den Verträgen übertragenen Zuständigkeiten verbleiben bei den Mitgliedstaaten."

[221] Art. 3 AEUV:
„(1) Die Union hat *ausschließliche Zuständigkeit* in folgenden Bereichen:
a) Zollunion,
b) Festlegung der für das Funktionieren des Binnenmarkts erforderlichen Wettbewerbsregeln,
c) Währungspolitik für die Mitgliedstaaten, deren Währung der Euro ist,
d) Erhaltung der biologischen Meeresschätze im Rahmen der gemeinsamen Fischereipolitik,
e) gemeinsame Handelspolitik.
(2) Die Union hat ferner die *ausschließliche* Zuständigkeit für den Abschluss internationaler Übereinkünfte, wenn der Abschluss einer solchen Übereinkunft in einem Gesetzgebungsakt der Union vorgesehen ist, wenn er notwendig ist, damit sie ihre interne Zuständigkeit ausüben kann, oder soweit er gemeinsame Regeln beeinträchtigen oder deren Tragweite verändern könnte."
Die übrigen Zuständigkeiten ergeben sich aus Art. 4 (geteilte Zuständigkeit) bis 6 AEUV.

soweit die Ziele der in Betracht gezogenen Maßnahmen von den Mitgliedstaaten weder auf zentraler noch auf regionaler oder lokaler Ebene ausreichend verwirklicht werden können, sondern vielmehr wegen ihres Umfangs oder ihrer Wirkungen auf Unionsebene besser zu verwirklichen sind.[222] Über die Einhaltung der EU-Verträge, das sogenannte *Primärrecht*, welches – vielleicht am Wichtigsten – die *vier Grundfreiheiten*[223] und die *Grundrechte der Europäischen Union*[224] enthält, und das sogenannte *Sekundärrecht*, also insbesondere Verordnungen und Richtlinien,[225] wacht der *Europäische Gerichtshof*, der *EuGH* in Luxemburg.[226] Daneben – und jetzt verlassen wir das EU-Recht auch schon wieder – gibt es *nach rein deutschem Recht* die Möglichkeit, dass mit Satzungsautonomie ausgestattete juristische Personen des öffentlichen Rechts wie etwa Gemeinden, Universitäten oder Industrie- und Handelskammern für ihren jeweiligen Aufgabenbereich eigenes Recht erlassen. Für die Gemeinden ergibt sich die Satzungsautonomie aus Artikel 28 Absatz 2 des Grundgesetzes, der besagt, dass den Gemeinden das Recht gewährleistet sein muss, *alle Angelegenheiten der örtlichen Gemeinschaft im Rahmen der Gesetze in eigener Verantwortung* zu regeln."

„Aber wie ist das nun", fragte Christian, der seinem Onkel nur mit einem Ohr folgte, da seine Gedanken weiterhin um Anna kreisten, „als Bürger bekommt man doch einen *Bescheid* von einer *deutschen Behörde*, welche die Gesetze oder EU-Verordnungen umsetzt, also quasi einen *konkret-individuellen Rechtsakt, oder*? Zum Beispiel eine *Baugenehmigung* oder die *Fahrerlaubnis*. Das muss doch auch irgendwo geregelt sein, *oder*?"

---

[222] Vgl. Art. 5 Abs. 3 UAbs. 1 EUV. Daneben gilt das *Prinzip der Verhältnismäßigkeit* bei der Ausübung der Kompetenzen gem. Art. 5 Abs. 4 UAbs. 1 EUV: *„Nach dem Grundsatz der Verhältnismäßigkeit gehen die Maßnahmen der Union inhaltlich wie formal nicht über das zur Erreichung der Ziele der Verträge erforderliche Maß hinaus."*

[223] Dies sind der *freie Warenverkehr* (Art. 28 bis 37 AEUV), die *Dienstleistungsfreiheit* (Art. 56 AEUV), die *Personenverkehrsfreiheiten* (Art. 21, 45 und 49 AEUV) und die *Kapital- und Zahlungsverkehrsfreiheit* (Art. 63 AEUV).

[224] Vgl. Art. 6 EUV und die *EU-Grundrechtscharta* (GRCh).

[225] Daneben überwacht der EuGH u.a. auch die konkreten *Beschlüsse der Kommission* nach Art. 288 Abs. 4 AEUV: *„Beschlüsse sind in allen ihren Teilen verbindlich. Sind sie an bestimmte Adressaten gerichtet, so sind sie nur für diese verbindlich."*

[226] Art. 19 Abs. 1 EUV: *„Der Gerichtshof der Europäischen Union* umfasst den Gerichtshof, das Gericht und Fachgerichte. *Er sichert die Wahrung des Rechts bei der Auslegung und Anwendung der Verträge.*
Die Mitgliedstaaten schaffen die erforderlichen Rechtsbehelfe, damit ein wirksamer Rechtsschutz in den vom Unionsrecht erfassten Bereichen gewährleistet ist." Weiteres zum EuGH ergibt sich aus den übrigen Absätzen von Art. 19 EUV und Art. 251 ff. AEUV.

„Ja, genau dazu wollte ich gerade kommen, Christian", erwiderte Onkel Steffen lachend, „schön, dass du mit deinen Gedanken zumindest teilweise wieder bei mir bist, nicht nur rein körperlich. Also, wenn dir eine Behörde, nehmen wir zum Beispiel die Stadt oder das Landratsamt Fürth, eine *Baugenehmigung* bekannt gibt[227], dann handelt es sich dabei um einen sogenannten *Verwaltungsakt*. Geregelt ist dieser in § 35 Satz 1 des Verwaltungsverfahrensgesetzes des Bundes für Bundesbehörden und in den entsprechenden Regelungen der Landesverfahrensgesetze[228] für die Länderbehörden: „*Verwaltungsakt ist jede Verfügung, Entscheidung oder andere hoheitliche Maßnahme, die eine Behörde zur Regelung eines Einzelfalls auf dem Gebiet des öffentlichen Rechts trifft und die auf unmittelbare Rechtswirkung nach außen gerichtet ist.*" Grundsätzlich kann ein Verwaltungsakt schriftlich, elektronisch, mündlich oder in anderer Weise erlassen werden.[229] Bei Erlass der allerdings zwingend schriftlich[230] zu erlassenden Baugenehmigung muss die Behörde[231], in diesem Fall die *Baugenehmigungsbehörde*, also die Stadt Fürth für den Bereich der kreisfreien Stadt Fürth und das Landratsamt für

---

[227] Gem. § 41 Abs. 1 VwVfG (*Verwaltungsverfahrensgesetz des Bundes*)/Art. 41 BayVwVfG (*Bayerisches Verwaltungsverfahrensgesetz*) ist ein Verwaltungsakt demjenigen Beteiligten *bekannt zu geben, für den er bestimmt ist oder der von ihm betroffen wird*. Ist ein Bevollmächtigter bestellt, so kann die Bekanntgabe ihm gegenüber vorgenommen werden. Der Verwaltungsakt wird gem. § 43 Abs. 1 VwVfG/Art. 43 Abs. 1 BayVwVfG gegenüber demjenigen, für den er bestimmt ist oder der von ihm betroffen wird, *in dem Zeitpunkt wirksam, in dem er ihm bekannt gegeben wird*. Der Verwaltungsakt wird *mit dem Inhalt wirksam, mit dem er bekannt gegeben wird*. Das VwVfG gibt selbst keine Definition des Begriffs der Bekanntgabe eines Verwaltungsaktes. Aus § 41 VwVfG/Art. 41 BayVwVfG und anderen Bestimmungen ergibt sich allerdings, dass unter Bekanntgabe allgemein *die Eröffnung des Verwaltungsaktes gegenüber dem Betroffenen*, das heißt der Tatsache des Ergehens und des Inhalts des Verwaltungsaktes, *mit Wissen und Willen der Behörde*, die den Verwaltungsakt erlässt, d. h. eines für die Behörde handelnden Amtsträgers, *nach den dafür maßgeblichen Rechtsvorschriften*, zu verstehen ist. Da die Behörde die Kenntnisnahme selbst nicht bewirken kann, reicht – wie bei der zivilrechtlichen Willenserklärung – die *Möglichkeit der Kenntnisnahme* analog § 130 BGB aus, vgl. *Kopp/Ramsauer*, VwVfG, § 41, Rn 6.

[228] Zum Beispiel Art. 35 BayVerwVfG in Bayern. Art. 35 S. 2 VwVfG/BayVwVfG regelt die sog. *Allgemeinverfügung*, die auch einen Verwaltungsakt darstellt, aber durchaus in einem beschränkten Maße eine *Mehrzahl an Adressaten* betreffen kann (*konkret-generelle Wirkung*), zum Beispiel ein Verkehrsschild (§ 35 S. 2 Alt. 3 VwVfG/Art. 35 S. 2 Alt. 3 BayVwVfG): „*Allgemeinverfügung ist ein Verwaltungsakt, der sich an einen nach allgemeinen Merkmalen bestimmten oder bestimmbaren Personenkreis richtet oder die öffentlich-rechtliche Eigenschaft einer Sache oder ihre Benutzung durch die Allgemeinheit betrifft.*"

[229] Vgl. Art. 37 Abs. 2 VwVfG/Art. 37 Abs. 2 BayVwVfG.

[230] Vgl. Art. 68 Abs. 2 S. 1 1. Hs. BayBO (*Bayerische Bauordnung*).

[231] § 1 Abs. 4 VwVfG: „*Behörde im Sinne dieses Gesetzes ist jede Stelle, die Aufgaben der öffentlichen Verwaltung wahrnimmt.*"

den Bereich des Landkreises Fürth,[232] die entsprechenden Gesetze, also in diesem Fall die *bayerische Bauordnung* und das *Bundes-Baugesetzbuch*, prüfen und anwenden, um zu einer Entscheidung im Einzelfall zu kommen, also ob sie dem *Bauantrag* des Antragstellers[233] entspricht oder nicht. Bei einer Entscheidung muss die Behörde in der Regel *unbestimmte Rechtsbegriffe* auslegen – dabei handelt es sich um einen Begriff in einer Norm, der *auslegungsbedürftig*, weil vage ist, dessen *objektiver Sinn sich also nicht sofort erschließt*[234] – wie zum Beispiel bei der Verwehrung einer Gaststättenerlaubnis, weil der Antragsteller nach § 4 Absatz 1 Nummer 1 Gaststättengesetz nicht über die *erforderliche Zuverlässigkeit* verfüge.[235] Der unbestimmte Rechtsbegriff betrifft meistens die *Tatbestandsseite* einer Norm und ist *von den Gerichten vollumfänglich überprüfbar*.[236] Auf der *Rechtsfolgenseite* hat die Behörde hingegen oft ein *Ermessen*. Wie der unbestimmte Rechtsbegriff verdankt das *Ermessen* seine Existenz dem Umstand, dass der Gesetzgeber nicht jeden regelungsbedürftigen Einzel-Sachverhalt vorhersehen und entscheiden kann. Deshalb hat er viele Normen so ausgestaltet, dass der zuständigen Behörde bei der Anwendung ein *Spielraum* bleibt. Dies erkennt man in der Regel an einem *‚kann die Behörde'* oder *‚soll die Behörde'* im Gesetzestext. Es ergibt sich also für die zuständige Behörde eine *Wahlmöglichkeit* zwischen verschiedenen Entscheidungsmöglichkeiten. Dabei unterscheidet man zwischen

---

[232] *Zuständig* für die Erteilung der Baugenehmigung ist das *Landratsamt als Kreisverwaltungsbehörde* gemäß Art. 53 Abs. 1 S. 1, 54 Abs. 1 Hs. 1 BayBO (*Bayerische Bauordnung*) in Verbindung mit Art. 37 Abs. 1 S. 2 BayLKrO (*Bayerische Landkreisordnung*). Dabei nimmt es Aufgaben als *Staatsbehörde* wahr (sog. *Doppelnatur des Landratsamtes*). *Richtiger Beklagter* in einem Verwaltungsprozess wäre damit der *Freistaat Bayern als Rechtsträger der Staatsbehörde Landratsamt*, vgl. § 78 Abs. 1 Nr. 1 VwGO (sog. *Rechtsträgerprinzip*). Gemäß Art. 9 I BayGO (*Bayerische Gemeindeordnung*) erfüllt die *kreisfreie Gemeinde* dagegen *im übertragenen Wirkungskreis* alle Aufgaben, die sonst vom Landratsamt wahrzunehmen sind, Art. 9 Abs. 1 S. 1 BayGO, 54 Abs. 1 Hs. 2 BayBO. *Richtige Beklagte ist danach die Gemeinde selbst*, vgl. § 78 Abs. 1 Nr. 1 VwGO, da sie *„ihr eigener Rechtsträger"* ist.

[233] Art. 64 Abs. 1 S. 1 BayBO: *„Der Bauantrag ist schriftlich bei der Gemeinde einzureichen."*

[234] *Hufen, Christian*, ZjS 5/2010, S. 603 ff. (606) - Ermessen und unbestimmter Rechtsbegriff, http://www.zjs-online.com/dat/artikel/2010_5_373.pdf (abgerufen am 9.5.2018), mit Verweis auf Jestadt, in: Erichsen/Ehlers (Hrsg.), Allgemeines Verwaltungsrecht, 13. Aufl. 2006, § 10 Rn. 24.

[235] Vgl. *Hufen, Christian*, ZjS 5/2010, S. 603 ff. (606) - Ermessen und unbestimmter Rechtsbegriff, http://www.zjs-online.com/dat/artikel/2010_5_373.pdf (abgerufen am 9.5.2018).

[236] Das BVerfG hat entschieden, dass grundsätzlich die *Auslegung unbestimmter Rechtsbegriffe* gerichtlich voll überprüfbar ist und der Behörde kein Beurteilungsspielraum zusteht, vgl. *Hufen, Christian*, ZjS 5/2010, S. 603 ff. (606) - Ermessen und unbestimmter Rechtsbegriff, http://www.zjs-online.com/dat/artikel/2010_5_373.pdf (abgerufen am 9.5.2018), mit Verweis auf BVerfGE 103, 142 (156).

Entschließungsermessen, bei dem die Behörde wählen kann, *ob sie überhaupt tätig wird*, und dem *Auswahlermessen*, bei dem die Behörde *zwischen verschiedenen möglichen Handlungsformen wählen darf.*[237] Nach Art. 16 Absatz 1 Satz 1 des Bayerischen Polizeiaufgabengesetzes etwa *kann* die Polizei zur Abwehr einer Gefahr oder einer drohenden Gefahr für ein bedeutendes Rechtsgut eine Person vorübergehend von einem Ort verweisen *oder* ihr vorübergehend das Betreten eines Orts verbieten. Hier hat die Polizeibehörde also sowohl *Entschließungsermessen*, da sie tätig werden *kann* oder eben auch nicht, und sie hat *Auswahlermessen*, da sie – wenn sie sich denn entscheidet, tatsächlich tätig zu werden – zwischen verschieden Handlungsmöglichkeiten *wählen* kann, das heißt, sie *kann* entweder eine Person vorübergehend von einem Ort verweisen *oder* sie kann einer Person vorübergehend das Betreten eines Ortes verbieten.[238] Die Begriffe *‚Gefahr'* oder *‚drohende Gefahr'* sind hingegen wiederum *unbestimmte Rechtsbegriffe* auf der *Tatbestandseite,* über deren Vorliegen die Sicherheitsbehörde selbstständig und möglichst gerichtsfest entscheiden muss. Nehmen wir als Gegenbeispiel einer *gebundenen Entscheidung* wieder unsere Baugenehmigung: Nach Artikel 68 Absatz 1 Satz 1 Bayerische Bauordnung *ist* die Baugenehmigung zu erteilen, wenn dem Bauvorhaben keine öffentlich-rechtlichen Vorschriften entgegenstehen, die im bauaufsichtlichen Genehmigungsverfahren zu prüfen sind.[239] Die Behörde *muss* also die Baugenehmigung erteilen, wenn die gesetzlichen Voraussetzungen auf der Tatbestandsebene erfüllt sind. Sie hat hier *ausdrücklich keine Wahl.*"

„Okay, so weit so gut", unterbrach Christian seinen Onkel, „aber bei Gesetzen haben wir gesagt, sie müssten *hinreichend bestimmt* sein und dürften *Grundrechte nicht in unverhältnismäßiger Weise einschränken.* Aber wenn eine Behörde nun Ermessen bei einer Entscheidung hat, wie wird dann gewährleistet, dass sie *verhältnismäßig* handelt und ihr Vorgehen auch *hinreichend begründet?*"

„Nun", fuhr Onkel Steffen anerkennend nickend fort, „ist der Tatbestand einer Ermessensnorm erfüllt, so kann die Behörde natürlich trotzdem nicht *willkürlich* von ihrem

---

[237] Vgl. *Hufen, Christian*, ZjS 5/2010, S. 603 ff. (603) - Ermessen und unbestimmter Rechtsbegriff, http://www.zjs-online.com/dat/artikel/2010_5_373.pdf (abgerufen am 9.5.2018).

[238] Vgl. *Hufen, Christian*, ZjS 5/2010, S. 603 ff. (603) - Ermessen und unbestimmter Rechtsbegriff, http://www.zjs-online.com/dat/artikel/2010_5_373.pdf (abgerufen am 9.5.2018).

[239] Dies sind im *vereinfachten Baugenehmigungsverfahren* gem. Art. 59 BayBO insbesondere die *Vorschriften über die Zulässigkeit der baulichen Anlagen* nach den §§ 29 bis 38 BauGB, vgl. Art. 59 Abs. 1 S. 1 Nr. 1 BayBO.

90

Ermessensspielraum Gebrauch machen.[240] Vielmehr muss sie ihr Ermessen gem. § 40 VwVfG beziehungsweise gleichlautender landesrechtlicher Vorschriften *entsprechend dem Zweck der Ermächtigung auszuüben und die gesetzlichen Grenzen des Ermessens einhalten.* Für die *Verwaltungsgerichte* bedeutet dies, dass sie zwar *nicht* prüfen dürfen, ob eine Ermessensentscheidung *unzweckmäßig* war, das heißt eine andere Entscheidung *sinnvoller oder zweckmäßiger* gewesen wäre. Jedoch können die Gerichte gem. § 114 Satz 1 der Verwaltungsgerichtsordnung in vollem Umfang überprüfen, ob das Ermessen *rechtmäßig* ausgeübt wurde, also ob ein *Ermessensnichtgebrauch*, eine *Ermessensüberschreitung oder -unterschreitung* oder ein *Ermessensfehlgebrauch* vorliegen.[241] Darüber hinaus müssen die Behörden bei Ermessensentscheidungen den *Grundsatz der Selbstbindung der Verwaltung,* der sich aus dem grundrechtlichen *Gleichbehandlungsgebot* gemäß Artikel 3 Absatz 1 Grundgesetz ergibt, beachten, das heißt, sie müssen *in gleichgelagerten Fällen ihr Ermessen auch gleich ausüben*, sie können also nicht einem Bürger die Baugenehmigung erteilen, dem anderen aber nicht, vorausgesetzt natürlich der Sachverhalt ist auch tatsächlich vergleichbar. Hier ergäbe sich also eine sogenannte *Ermessensreduzierung auf Null,* die Entscheidung wäre also letztlich doch eine *gebundene.* Darüber hinaus muss die Behörde einen Verwaltungsakt *begründen*[242], sie muss den Betroffenen *anhören*[243], der Verwaltungsakt muss – wie ein

---

[240] Vgl. *Hufen, Christian,* ZjS 5/2010, S. 603 ff. (603) - Ermessen und unbestimmter Rechtsbegriff, http://www.zjs-online.com/dat/artikel/2010_5_373.pdf (abgerufen am 9.5.2018).

[241] Vgl. *Hufen, Christian,* ZjS 5/2010, S. 603 ff. (603, 604) - Ermessen und unbestimmter Rechtsbegriff, http://www.zjs-online.com/dat/artikel/2010_5_373.pdf (abgerufen am 9.5.2018).

[242] § 39 VwVfG/Art. 39 BayVwVfG. Allerdings besteht die Möglichkeit, *eine fehlende Begründung bis zum Abschluss der letzten Tatsacheninstanz eines verwaltungsgerichtlichen Verfahrens nachzuholen,* vgl. § 45 Abs. 1 Nr. 2, Abs. 2 VwVfG/Art. 45 Abs. 1 Nr. 2, Abs. 2 BayVwVfG. Zudem kann die Aufhebung eines Verwaltungsaktes, der nicht *nichtig* ist (hierbei handelt es sich um besonders gravierende Rechtsfehler, die einen Verwaltungsakt nicht nur rechtswidrig, sondern gänzlich *nichtig, d. h. rechtlich nicht existent,* machen, vgl. § 44 VwVfG/Art. 44 BayVwVfG), nicht *allein deshalb* beansprucht werden, weil er unter Verletzung von Vorschriften über das *Verfahren, die Form oder die örtliche Zuständigkeit* zustande gekommen ist, wenn *offensichtlich* ist, *dass die Verletzung die Entscheidung in der Sache nicht beeinflusst hat.*

[243] § 28 VwVfG/Art. 28 BayVwVfG. Allerdings besteht die Möglichkeit, *eine fehlende Begründung bis zum Abschluss der letzten Tatsacheninstanz eines verwaltungsgerichtlichen Verfahrens nachzuholen,* vgl. § 45 Abs. 1 Nr. 3, Abs. 2 VwVfG/Art. 45 Abs. 1 Nr. 3, Abs. 2 BayVwVfG. Zudem kann die Aufhebung eines Verwaltungsaktes, der nicht *nichtig* ist (hierbei handelt es sich um besonders gravierende Rechtsfehler, die einen Verwaltungsakt nicht nur rechtswidrig, sondern gänzlich *nichtig, d. h. rechtlich nicht existent,* machen, vgl. § 44 VwVfG/Art. 44 BayVwVfG), nicht *allein deshalb* beansprucht werden, weil er unter Verletzung von Vorschriften über das *Verfahren, die Form oder die örtliche Zuständigkeit* zustande gekommen ist, wenn *offensichtlich* ist, *dass die Verletzung die Entscheidung in der Sache nicht beeinflusst hat.*

Gesetz – *hinreichend bestimmt* sein[244] und er muss aus rechtsstaatlichen Gründen *verhältnismäßig* sein."

„Und wie kann ich mich gegen einen Verwaltungsakt *wehren,* der eben *nicht rechtmäßig,* zum Beispiel *nicht verhältnismäßig,* ist?"

„Zunächst einmal besteht in vielen Fällen die Möglichkeit, *innerhalb eines Monats einen Widerspruch einzulegen,* in der Regel bei der Behörde, die den Verwaltungsakt erlassen hat.[245] Vor Erhebung der *Anfechtungsklage*[246] gegen einen erlassenen Verwaltungsakt sind nämlich *Rechtmäßigkeit und Zweckmäßigkeit* des Verwaltungsakts grundsätzlich in einem *Vorverfahren* nachzuprüfen.[247] Voraussetzung hierfür ist aber zunächst, dass es sich auch tatsächlich um einen *Verwaltungsrechtsstreit* handelt.[248] Dies ist bei allen öffentlich-rechtlichen *Streitigkeiten nichtverfassungsrechtlicher Art* der Fall, vereinfacht gesprochen also vor allem in den Fällen, in denen *eine juristische Person des öffentlichen Rechts aufgrund von Rechtssätzen gehandelt hat, deren Zuordnungsobjekt ausschließlich ein Träger öffentlicher Gewalt ist.*[249] Abzugrenzen hiervon ist das Privatrecht, welches das Verhältnis zwischen den Bürgern regelt und eben nicht – wie das Verwaltungsrecht – das *Sonderrecht Staat - Bürger,* das von einem *speziellen Über-Unterordnungsverhältnis*

---

[244] § 37 Abs. 1 VwVfG/ Art. 37 Abs. 1 BayVwVfG.

[245] Vgl. 70 Abs. 1 S. 1 VwGO.

[246] Neben der *Klage auf Aufhebung eines Verwaltungsakts (Anfechtungsklage)* kann die *Verurteilung zum Erlaß eines abgelehnten oder unterlassenen Verwaltungsakts (Verpflichtungsklage)* begehrt werden, vgl. § 42 Abs. 1 VwGO. Daneben gibt es – als gängigste Klagearten – noch die *Klage auf Feststellung des Bestehens oder Nichtbestehens eines Rechtsverhältnisses oder der Nichtigkeit eines Verwaltungsakts (Feststellungsklage),* vgl. § 43 VwGO, und *die allgemeine Leistungs- oder Unterlassungsklage,* die in den §§ 43 II, 111, 113 IV VwGO erwähnt wird, und *auf Vornahme oder Unterlassung eines Realaktes der Verwaltung (schlichtes Verwaltungshandlung),* zum Beispiel einer Auskunftserklärung einer Behörde, gerichtet ist. Davon abzugrenzen ist das *Normenkontrollverfahren,* mit dem *die Rechtmäßigkeit von Satzungen und Verordnungen* vom *Oberverwaltungsgericht (OVG)* überprüft wird, in Bayern gem. § 184 VwGO i. V. m. Art. 1 S. 1 BayAGVwGO *(Bayerisches Gesetz zur Ausführung der Verwaltungsgerichtsordnung)* vom *Bayerischen Verwaltungsgerichtshof.*

[247] Vgl. § 68 Abs. 1 S. 1 VwGO. Gem. § 68 Abs. 1 S. 2 VwGO bedarf es einer solchen Nachprüfung nicht, wenn *ein Gesetz dies bestimmt* oder wenn
1.
der Verwaltungsakt von einer obersten Bundesbehörde oder von einer obersten Landesbehörde erlassen worden ist, außer wenn ein Gesetz die Nachprüfung vorschreibt, oder
2.
der Abhilfebescheid oder der Widerspruchsbescheid erstmalig eine Beschwer enthält.

[248] Vgl. § 40 Abs. 1 S. 1 VwGO analog. Bei Klagen gilt § 40 VwGO direkt.

[249] Sog. *modifizierte formale Subjektstheorie,* vgl. *Kopp/Schenke,* VwGO, § 40, Rn 11. Zu den weiteren Theorien vgl. ebenfalls *Kopp/Schenke,* VwGO, § 40, Rn 11.

geprägt ist. Hält die Behörde den Widerspruch für begründet, so hilft sie ihm ab.[250] Hilft die Behörde dem Widerspruch nicht ab, so ergeht ein *Widerspruchsbescheid*.[251] Spätestens gegen den Verwaltungsakt in der Gestalt, den der Ausgangsverwaltungsakt in dem Widerspruchsbescheid gefunden hat[252], ist dann der *Rechtsweg zum Verwaltungsgericht* eröffnet. *Die Anfechtungsklage muss dann innerhalb eines Monats nach Zustellung des Widerspruchsbescheids erhoben werden.*[253] *Das Verwaltungsgericht prüft dann, inwieweit der Verwaltungsakt rechtswidrig und der Kläger dadurch in seinen Rechten verletzt ist. Insoweit hebt das Gericht den Verwaltungsakt und den etwaigen Widerspruchsbescheid auf.*[254] Und das war es dann auch schon zum Verwaltungsrecht. Kurz und prägnant, aber ich denke das reicht auch aus, um einen groben Überblick zu gewinnen. Denn leider ist das Verwaltungsrecht – im Vergleich etwa zum Strafrecht – eine zu umfangreiche Rechtsmaterie, die ich dir deshalb in der kurzen Zeit, die wir hier gemeinsam haben, nur in seinen Grundzügen vermitteln kann. Aber da du ja eh Strafverteidiger werden willst und mit deinen Gedanken ganz woanders bist", sein Onkel grinste ihn breit an, während er dies sagte, „will ich dich hiermit offiziell in deine übrig gebliebenen Sommerferien entlassen. Wenn du noch Fragen hast, darfst du natürlich jederzeit auf mich zukommen oder ein weiteres Praktikum im nächsten Jahr bei uns machen. Dann vielleicht ganz speziell ausgerichtet auf das Strafrecht bei unserem Olaf. Grüß deinen Eltern von mir."

Dann umarmte ihn sein Onkel zum Abschied. Wenn Christian nicht alles täuschte, hatte sein Onkel Steffen Tränen in den Augen.

---

[250] Vgl. § 72 VwGO.

[251] Vgl. § 73 Abs. 1 S.1 VwGO.

[252] Vgl. § 79 Abs. 1 Nr. 1 VwGO.

[253] Vgl. 74 Abs. 1 S. 1 VwGO. Ist nach § 68 ein Widerspruchsbescheid nicht erforderlich, so muß die *Klage innerhalb eines Monats nach Bekanntgabe des Verwaltungsakts* erhoben werden, vgl. § 74 Abs. 1 S. 2 VwGO.

[254] Vgl. § 113 Abs. 1 S. 1 VwGO. Hat sich der Verwaltungsakt vorher durch Zurücknahme oder anders erledigt, so spricht das Gericht auf Antrag durch Urteil aus, daß der Verwaltungsakt rechtswidrig gewesen ist, wenn der Kläger ein berechtigtes Interesse an dieser Feststellung hat, sog. *Fortsetzungsfeststellungsklage*, vgl. § 113 Abs. 1 S. 4 VwGO. *Bei der Verpflichtungsklage prüft das Verwaltungsgericht, inwieweit die Ablehnung oder Unterlassung des Verwaltungsakts rechtswidrig und der Kläger dadurch in seinen Rechten verletzt ist.* Insoweit spricht das Gericht die Verpflichtung der Verwaltungsbehörde aus, die beantragte Amtshandlung vorzunehmen, wenn die Sache spruchreif ist. Andernfalls spricht es die Verpflichtung aus, den Kläger unter Beachtung der Rechtsauffassung des Gerichts zu bescheiden, vgl. § 113 Abs. 5 S. 1 und 2 VwGO. Der einstweilige Rechtsschutz ist in den §§ 80, 80a VwGO geregelt.

Zusammen mit Anna verließ Christian wenig später die Kanzlei. Unten angekommen verabschiedeten sie sich.

„Ich muss gleich da vorne zum Hautarzt, mein Termin ist um 12.45 Uhr. Ich muss leider gleich los. Aber wir sehen uns ja heute Abend. Ich hole dich um 18 Uhr zu Hause ab. Ich freue mich wirklich, dass du heute Abend mitkommst, Christian. Und meine Oma und mein Opa werden sich bestimmt auch über dich freuen", flüsterte sie. „Ich hab dich wirklich *sehr gerne*, weißt du", fügte sie entschlossener hinzu. Sie beugte sich nach vorne und küsste ihn auf den Mund. Christians Rechtspraktikum lag plötzlich in weiter Ferne. Für ihn gab es nur noch Anna und ihre weichen Lippen. Er war eben doch nur ein Teenager…

Abkürzungsverzeichnis

Abs.	Absatz
AEUV	Vertrag über die Arbeitsweise der Europäischen Union
Alt.	Alternative
Art.	Artikel
AT	Allgemeiner Teil
Az.	Aktenzeichen
BauGB	Baugesetzbuch
BayAGVwGO	Bayerisches Gesetz zur Ausführung der Verwaltungsgerichtsordnung
BayBO	Bayerische Bauordnung
BayGO	Bayerische Gemeindeordnung
BayLKrO	Bayerische Landkreisordnung
BayVGH	Bayerischer Verwaltungsgerichtshof
BayVwVfG	Bayerisches Verwaltungsverfahrensgesetz
BeckRS	Elektronische Entscheidungsdatenbank in beck-online (publizistische Verwendung Verlag C.H.BECK)
BGB	Bürgerliches Gesetzbuch
BGH	Bundesgerichtshof
BGHSt	Entscheidungen des Bundesgerichtshofes in Strafsachen
BVerfG	Bundesverfassungsgericht

BVerfGE	Entscheidungen des Bundesverfassungsgerichts
BvR	Das Registerzeichen BvR wird beim Bundesverfassungsgericht für Verfahren über Verfassungsbeschwerden verwendet.
BWL	Betriebswirtschaftslehre
bzw.	beziehungsweise
d.h.	das heißt
DSGVO	Datenschutz-Grundverordnung
EGMR	Europäischer Gerichtshof für Menschenrechte
EMRK	Europäische Menschenrechtskonvention (Konvention zum Schutze der Menschenrechte und Grundfreiheiten)
EU	Europäische Union
EuGH	Europäischer Gerichtshof
EUV	Vertrag über die Europäische Union
GA	Goltdammer's Archiv für Strafrecht
GG	Grundgesetz
GRCh	Charta der Grundrechte der Europäischen Union
GVG	Gerichtsverfassungsgesetz
Hs.	Halbsatz
i.V.m.	in Verbindung mit
JuS	Juristische Schulung
LG	Landgericht
LK	Leipziger Kommentar

LuftSiG	Luftsicherheitsgesetz
NJW	Neue juristische Wochenschrift
Nr.	Nummer
NStZ	Neue Zeitschrift für Strafrecht
OGHSt	Entscheidungen des Obersten Gerichtshofes für die Britische Zone in Strafsachen
OLG	Oberlandesgericht
OVG	Oberverwaltungsgericht
RG	Reichsgericht
Rn	Randnummer
Rs.	Rechtssache
S.	Satz
Slg.	Sammlung
s.o.	siehe oben
sog.	sogenannt
StGB	Strafgesetzbuch
StPO	Strafprozessordnung
StV	Strafverteidiger
s.u.	siehe unten
TuT	Täter und Teilnehmer
u.a.	unter anderem
UAbs.	Unterabsatz
VwGO	Verwaltungsgerichtsordnung
VwVfG	Verwaltungsverfahrensgesetz (des Bundes)
ZjS	Zeitschrift für das juristische Studium
ZStW	Zeitschrift für die gesamte Strafrechtswissenschaft